ARJEN ROBBEN
EN DE FINALE VAN DE
CHAMPIONS LEAGUE

Met speciale dank
aan de 14 Groningse scholen,
Marjo Robben
en Mick Duzink (FC Groningen in de Maatschappij)

NUR 282 / SD031402 / 2e druk
© Uitgeverij Kluitman
© MMXIV Illustraties: Stephan Timmers / Total Shot Productions
Ambassadeur: Arjen Robben
Concept en realisatie: Stichting Lezen & Schrijven, Matthijs van Kampen
Eindredactie: Fred Diks
Voorwoord en interview: Fred Diks
Opmaak: Uitgeverij Kluitman, Marieke Brakkee
Drukkerij: Scholma Druk, Bedum

kluitman.nl

ARJEN ROBBEN EN DE FINALE VAN DE CHAMPIONS LEAGUE

Eindredactie: Fred Diks

Illustraties:
Stephan Timmers

Dit boek is een initiatief van Stichting Lezen & Schrijven,
in samenwerking met FC Groningen in de Maatschappij
en Uitgeverij Kluitman.
Stichting Lezen & Schrijven is opgericht door
H.K.H. Prinses Laurentien der Nederlanden
met als doel het voorkomen en verminderen van laaggeletterdheid.
De stichting beveelt van harte aan om elke dag 15 minuten (voor) te lezen.

DIT BOEK IS HEEL SPECIAAL!

Wist je dat dit boek heel speciaal is? Je kunt niet alleen de verhalen over Arjens carrière lezen, maar ook unieke beelden bekijken.

In de App Store en Google Play staat een app waarmee de verhalen echt tot leven komen. Zoek maar op 'ArjenRobben' of scan de QR-code en download de app helemaal gratis.

Open vervolgens de app en scan de pagina's met het logo van Arjen Robben.

Je kunt nu onder andere het voorwoord van Arjen zelf zien, de finale opnieuw beleven en luisteren naar een speciale boodschap van prinses Laurentien. Voor het bekijken van deze filmpjes heb je geen internetverbinding nodig.

Nieuwsgierig? Download, scan en beleef het mee!

Voorwoord

Wat een prachtig project! Creatieve Groningse basisschoolleerlingen hebben zich verdiept in het leven van wereldster Arjen Robben. De leerlingen maakten gebruik van hun inlevingsvermogen en onuitputtelijke fantasie om een bijzonder boek te schrijven. In de veertien hoofdstukken lees je over de ontwikkeling van Arjen Robben van leergierige pupil bij VV Bedum tot en met het voetbalidool, dat bij Bayern München de winnende goal maakte in de Champions Leaguefinale.

Veel klassen kregen voor hun schrijfsessies bezoek van de moeder van voetbalidool Arjen, die vol enthousiasme over het leven van haar beroemde zoon vertelde. Dat enthousiasme heeft zij weten over te brengen. In het hele boek, dat een boeiende mix is van waarheid en fantasie, spat het schrijfplezier ervan af. Hopelijk kun jij er heerlijk bij wegdromen.

Ik had de schone taak om van alle verschillende hoofdstukken een vloeiend geheel te maken. Samen met mijn uitgever Kluitman heb ik dat met heel veel plezier gedaan. Soms was het nodig om taalfouten eruit te halen of teksten een beetje aan te passen, maar natuurlijk heb ik de verhalen van de kinderen intact gehouden.

Stichting Lezen & Schrijven heeft dit project bedacht om het belang van taal onder de aandacht te brengen. De stichting wil laaggeletterdheid bij kinderen en volwassenen voorkomen en verminderen. Als je laaggeletterd bent, heb je moeite met lezen en schrijven. En dat komt misschien wel vaker voor dan je denkt. Eén op de vier kinderen verlaat de basisschool namelijk met een forse leesachterstand. En dat terwijl je jeugd juist zo'n belangrijke tijd is. In je jeugd leg je, op school én thuis, de basis om goed te leren lezen en schrijven.

Met dit project wil Stichting Lezen & Schrijven, samen met FC Groningen in de Maatschappij en uitgeverij Kluitman, jou stimuleren om veel te gaan lezen en schrijven. Ik hoop dat dat lukt, want als je goed kunt lezen en schrijven kun je worden wie je wilt zijn.

Als kind droomde Arjen er altijd al van om profvoetballer
te worden. Net als miljoenen andere kinderen op de wereld.
Wil je weten hoe het hem lukte een echte wereldster te worden?
Lees dan dit verhaal.

Geschreven door:
Openbare basisschool Togtemaarschool
en Openbare basisschool De Expeditie

HOOFDSTUK 1

Toen Arjen nog erg klein was

Arjen is zes jaar en de zomer is voorbij. Hij wordt door zijn moeder naar school gebracht, de Togtemaarschool in Bedum. Hij is heel nerveus, want hij gaat dit schooljaar naar groep 3.

Zijn moeder loopt met hem mee naar binnen. 'Vind je het eng?' vraagt zijn moeder lief.

'J...ja,' stottert Arjen. 'Ik vind het erg spannend.'

'Dat is helemaal niet erg.'

Ze lopen samen naar de klas en op dat moment komen ze juf Anneke tegen.

'Hallo,' zegt de juf. 'Hoe heet jij?'

Arjen kijkt omhoog naar de juf. 'A...arjen,' zegt hij.

Juf Anneke vraagt of hij het wel leuk vindt om naar groep 3 te gaan.

Arjen knikt. 'Ik heb er heel veel zin in. Ik leer dan lezen en schrijven. Dat lijkt me erg leuk.'

Al snel heeft Arjen het erg naar zijn zin in groep 3. Naast leren lezen en schrijven, heeft hij vooral veel plezier met zijn vrienden. In de pauze en na schooltijd speelt hij met hen: binnen, buiten en op het voetbalveldje. Al snel komt Arjen erachter dat hij voetballen het leukste vindt om te doen.

Als Arjen zes wordt, krijgt hij een heel mooi cadeau voor zijn verjaardag. Hij mag op voetbal! Arjens grootste wens komt eindelijk uit. Zijn ouders vertellen hem het goede nieuws en Arjen vindt het echt het mooiste cadeau voor zijn verjaardag. Van zijn opa en oma krijgt hij ook nog een echte FC Groningen-voetbal. Ik hoop dat ik ooit bij FC Groningen mag voetballen, denkt Arjen terwijl hij trots rondloopt met zijn nieuwe bal.

Diezelfde week heeft Arjen al de eerste training. Hij komt terecht bij de F'jes van VV Bedum. Trots neemt hij zijn bal mee naar de training. 'Wauw. Wat een mooie bal,' zeggen zijn teamgenootjes. Hij hoeft niet eens te wennen, want zijn trainer kent hij al heel lang. Het is namelijk zijn eigen vader Hans. De trainer stelt hem voor aan het nieuwe team.

Arjen herkent Gijs, een jongen uit zijn klas. Hij weet dat Gijs een beetje stottert.

Trainer Hans vertelt enthousiast dat zaterdag de eerste wedstrijd van het seizoen is. 'Arjen, wil je dan ook meteen al meedoen? Van je moeder mag het vast wel.'

Arjen schrikt een beetje. Dan al? Moet ik niet eerst een paar keer trainen? Maar hij vindt het ook wel erg stoer: zijn eerste echte voetbalwedstrijd.

Dan begint zijn vader met de training.

Arjen moet afwerken op doel, maar hij weet niet wat dat is. Zijn teamgenootjes lachen hem uit en Arjen krijgt een rode kleur.

De trainer ziet het gebeuren. 'Arjen kan nog niet weten wat afwerken is. Wie kan hem dat uitleggen?'

Gijs steekt zijn vinger op. De teamleden lachen omdat hij stottert. Iemand vraagt hoe dat komt.

Gijs vertelt dat hij blijft haken op de woorden en dat dat vooral gebeurt aan het begin van een zin.

Ook bij het lezen in de klas heeft hij dat.

'Dat weet ik,' zegt Arjen. 'Gijs zit bij mij in de klas.'

De spelers van Arjens team vinden het knap dat Gijs ondanks het stotteren zo'n goede uitleg geeft. Ze weten nu ook dat Arjen en Gijs elkaar kennen.

Dan gaan ze weer verder met de training.

De teamgenootjes zien dat Arjen heel erg zijn best doet.

Zijn gezicht is rood en nat van het zweet. Hij luistert goed naar alle aanwijzingen die zijn vader, de trainer, geeft. Aan het einde van de training scoort Arjen een mooi doelpunt. De spelers geven hem veel complimenten en ook de trainer is blij met Arjen. Ze zeggen allemaal dat hij gewoon mee moet doen met de wedstrijd in het weekend.

Een paar dagen later is het zaterdagochtend. Arjen heeft de hele nacht niet geslapen, want hij is erg zenuwachtig voor de voetbal-wedstrijd van vanmiddag.

Hij gaat nog even buiten spelen. Samen met zijn buurmeisje Linda maakt hij een kabelbaan.

Hij probeert op de zelfgemaakte kabelbaan te klauteren, maar het hout is heel glad. Hij valt hard op zijn elleboog. Huilend loopt hij naar huis. Linda gaat met hem mee en legt snel uit wat er gebeurd is.

Zijn ouders stappen meteen met hem in de auto. Ze gaan naar de Eerste Hulp in het ziekenhuis. Arjen heeft heel veel pijn. Zijn arm wordt langzaam blauw. Voor de zekerheid worden er foto's gemaakt van de arm en dan zien de artsen dat Arjen zijn elleboog gekneusd heeft.

De dokter zegt dat hij beter niet kan gaan voetballen.

Arjen krijgt tranen in zijn ogen, want hij wil heel graag meedoen aan de voetbalwedstrijd.

Zijn ouders troosten hem.

'Mam komt kijken en ik ga het team coachen. Ga maar gezellig mee,' stelt zijn vader voor.

Dan kan Arjen zijn teamgenootjes aanmoedigen en zien spelen en weet zijn team dat hij in dit geval echt niet mee kan doen.

En dus vertrekken ze die middag toch naar het voetbalveld. Arjen volgt de wedstrijd vol spanning en juicht voor zijn teamgenoten. Hij krijgt zelf ook zin om mee te spelen. En zo veel pijn doet zijn arm nu niet meer…

In de rust zegt Arjen tegen zijn moeder dat hij naar de wc moet. Maar hij gaat helemaal niet naar de wc. Stiekem loopt hij naar de kleedkamer en haalt een setje voetbalkleren uit de tas van zijn team. Hij trekt het shirt, de broek en de sokken aan en gaat stiekem op de reservebank zitten.

Zijn vader merkt het en wenkt hem.

Plotseling ziet zijn moeder hem het veld op lopen. 'Wat doe je nu, Arjen?' Ze kijkt verbaasd en is een beetje boos. Ze wil hem van het veld halen, maar dan ziet ze dat hij er lachend met de bal vandoor gaat. Hij speelt naar rechts en krijgt daarna een mooie voorzet. Hij scoort 1-0. Het hele team juicht en omhelst Arjen.

'Au!' roept hij. Zijn arm doet toch nog wel pijn.

Een tegenstander pakt de bal uit het net en schopt die hard de lucht in. Hij kijkt Arjen boos aan.

Arjen begrijpt de boosheid van de jongen wel. Het is nooit leuk om een tegengoal te krijgen. Hij gaat snel verder met de wedstrijd.

Dankzij Arjen winnen ze de wedstrijd met 1-0. Arjen is heel trots en blij. Nu vindt hij voetbal nóg leuker. Als hij thuiskomt, wil hij zijn voetbalkleren nog niet uittrekken.

Tijdens het eten praat Arjen dromerig na over de wedstrijd. Hij is zo blij, dat hij voor de eerste keer van zijn leven zijn spruitjes zonder mokken opeet.

Na het eten mag hij nog even buiten spelen. Daar komt hij Koos tegen.

Koos speelt ook bij hem in het team.

Koos geeft Arjen een compliment. Hij vindt dat het vanmiddag bij de wedstrijd heel goed ging en dat Arjen veel talent voor voetbal heeft. Hij zegt dat de meeste kinderen veel langer op training zitten voor ze hun eerste doelpunt scoren. Arjen wordt er een beetje verlegen van. Samen spelen ze over.

Als Arjen die avond in bed ligt denkt hij nog na over het mooie cadeau dat hij voor zijn verjaardag heeft gekregen. Het spelen bij de F'jes is echt het leukste wat hij ooit gedaan heeft. Maar eigenlijk heeft hij meer dan dat ene cadeau gekregen. Hij heeft er ook twee vrienden bij gekregen, Koos en Gijs.

Morgen gaat hij vragen of ze met hem op het pleintje willen voetballen.

Geschreven door:
Openbare basisschool Togtemaarschool
en Openbare basisschool De Expeditie

HOOFDSTUK 2

Arjen wordt steeds doller op voetbal

Een jaar later is Arjens liefde voor voetbal alleen maar gegroeid. Nog steeds spelen hij en zijn vrienden zo vaak voetbal als ze maar kunnen. Op een zonnige dag zijn Arjen en zijn vrienden weer eens aan het voetballen op het plein. Het gaat erg goed, want Arjen heeft al twee keer gescoord. Hij heeft net de bal gekregen van zijn klasgenoot Marcel en dribbelt naar voren om de bal in de richting van het doel te schoppen. Arjen raakt de bal helaas verkeerd, zodat deze over het hek vliegt. 'Wauw, wat gebeurt er?' roept hij. Arjen klimt over het hek om de bal te halen, maar zijn voet blijft haken. Hij valt voorover de bosjes in.

Opeens ziet hij een uitgestoken hand.

Het blijkt de hand van Linda te zijn. Linda is niet alleen een goede vriendin van Arjen, maar ook nog zijn klasgenootje. Ze heeft veel moeite met lezen en schrijven, maar kan wel heel goed voetballen. Eerst begreep Arjen nooit hoe het toch kon dat Linda zoveel moeite had met lezen en schrijven. Dat is toch helemaal niet zo moeilijk, dacht hij. Totdat Linda haar spreekbeurt hield over dyslexie. Ze vertelde toen dat ze dyslexie heeft. De hele klas had daar nog nooit van gehoord. Linda legde uit dat als je dyslexie hebt, lezen, spellen en zelfs schrijven heel moeilijk is. En dat je daar dan extra veel moeite voor moet doen.

Sinds Arjen dit weet, probeert hij Linda in de klas vaak te helpen.

Nadat Linda Arjen uit de bosjes heeft getrokken, gaan ze verder met het voetbalspel. Hadden ze dat maar niet gedaan, want na vijf minuten is het raak. Arjen haalt uit voor een harde knal. 'Boem!' De bal vliegt door de ruit van het lokaal van meester Wim.

Iedereen stopt met spelen en kijkt geschrokken naar de deur, als hun meester naar buiten komt.

'Kom jij maar even mee naar binnen,' zegt meester Wim woedend.

Oeps, nu heb ik een groot probleem, denkt Arjen.

Eenmaal binnen pakt meester Wim de telefoon en toetst een nummer in.

Arjen staart naar de grond en voelt tranen achter zijn ogen prikken. Ik heb vette pech, denkt hij. Dadelijk krijg ik op m'n kop, alsof ik er iets aan kon doen dat die ruit stukging. Arjen heeft precies door wat er gebeurt. Toch houdt hij zich stil.

Na een kort gesprek aan de telefoon zegt meester Wim in het Gronings: 'Arjen, mien jong, je hebt het dit keer echt te bont gemaakt. Je weet dat je niet zo hard mag schieten op het schoolplein. Je zult de schade zelf moeten betalen.'

Thuis probeert Arjen zo stil mogelijk te zijn. Hij is bang dat zijn vader en moeder hem vragen gaan stellen over de kapotte ruit. Hij sluipt door de gang naar de trap, maar struikelt over zijn bal. Oeps. Die had hij vergeten op te ruimen.

Zijn vader hoort het kabaal en komt de gang in. 'Arjen, ik wil even met je praten over de ruit. Dat gaat ons heel veel geld kosten, want het was een dure ruit. Daarom hebben je moeder en ik besloten dat je niet mee mag op kamp.'

'Wat? Nee!' De tranen lopen over zijn wangen. 'Je mag elke straf bedenken, behalve deze.' Hij kijkt al weken uit naar het schoolkamp.

Maar helaas, zijn ouders veranderen niet van gedachten; hij mag niet mee.

De volgende dag vertelt Arjen het slechte nieuws aan zijn vrienden. Ze voelen zich schuldig, want ze speelden met z'n allen. Marcel, Linda en de andere klasgenoten willen het er niet bij laten zitten. Zij willen allemaal dat hun vriend Arjen meegaat op schoolkamp. Ze bedenken een plan.

Op de dag dat de kinderen op kamp gaan, is het een drukte van belang op school. Papa's, mama's, broertjes en zusjes; iedereen is gekomen om de volle bus met kinderen uit te zwaaien.

Niemand let op Marcel en Linda. Zij nemen Arjen onopvallend mee de bus in. Terwijl alle kinderen voor de ramen van de bus zwaaien, verstopt Arjen zich achterin tussen de stoelen.

Ze zijn al een uur onderweg als Arjen opeens tevoorschijn komt. Hij straalt van blijdschap en gaat tussen de kinderen van zijn klas op de achterbank zitten.

Dan komt meester Wim eraan. Hij is de eerste begeleider die doorheeft dat Arjen stiekem mee de bus in is gegaan. Eventjes is hij heel boos, maar al snel kan hij er ook wel om lachen. De meester belt snel Arjens ouders en samen besluiten ze dat Arjen toch mee op schoolkamp mag. Maar hij gaat nog wel een gepaste straf bedenken voor Arjen, Marcel en Linda.

De hele klas is blij en onderweg bedenken ze een eigen schoolkamplied.

'We gaan met z'n allen op kamp, hey, hey!
We gaan met z'n allen in de bus, hey, hey!
Even geen gezeur, hij opent de deur!
We gaan met z'n allen op kamp, hey, hey!'

Arjen heeft een hele leuke tijd op het schoolkamp. Er wordt veel gevoetbald en op de laatste avond wordt er een wedstrijd georganiseerd tegen een andere school. Helaas moet Arjen op de bank beginnen.

Al snel blijkt dat zijn klas niet zo flitsend van start gaat. Arjen wil heel graag het veld in, maar hij moet wachten van meester Wim. Alle kinderen krijgen de kans om mee te spelen. Pas in de tweede helft, als ze met 3-0 achterstaan, mag hij eindelijk het veld in. Hij is uitgerust en heeft goed opgelet hoe de te- genpartij speelt. Al na vijf minuten lukt het hem om de zwakste tegenspeler te passe- ren, en een mooie voorzet te geven. Marcel scoort 3-1. Arjen krijgt hierdoor steeds meer hoop. Door een mooie omhaal maakt hij al snel 3-2. Zijn klasgenoten geven hem de bij- naam 'De Snelheidsmaniak'.

Die bijnaam maakt hij al snel waar, want hij is de verdediging steeds te snel af en dankzij zijn goede voorzetten, lukt het de klas van Arjen om te winnen met 4-3. 'Yes. De Togtemaarschool heeft gewonnen,' roepen zijn klasgenoten. Na afloop rennen ze met z'n allen het veld over.

Marcel en Linda nemen Arjen op hun schouders en dragen hem onder luid gejuich het veld over.

Meester Wim organiseert 's avonds een groot feest. Er wordt cola gedronken en chips gegeten. Na de disco ontstaat er een kussen- gevecht. De veren en vlokken vliegen Arjen en zijn klasgenoten om de oren.

Een mooiere afsluiting van het schoolkamp had Arjen niet durven dromen. Ook al moet hij samen met Linda en Marcel alles schoon- maken en vegen, want hij had nog een straf tegoed.

HOOFDSTUK 3

Een pestkop als vriend

's Morgens op school denkt Arjen alweer aan voetbal. Hij heeft zin om 's middags te gaan voetballen op het pleintje. 'Komen jullie na schooltijd ook?' vraagt hij aan zijn klasgenoten.

'Ik weet het nog niet,' zegt Koos. 'Mijn oom en tante komen op bezoek, maar misschien mag ik toch weg.'

In de pauze spelen de vrienden net als altijd een wedstrijdje. Opeens komt Renzo, een jongen uit een hogere groep, met zijn vrienden op Arjen af. Hij duwt Arjen op de grond, pakt hem de bal af en rent naar de bosjes aan de rand van het plein. Arjen en zijn vrienden kijken hem verbaasd na. Als ze even later in de bosjes kijken, ligt de bal daar lek op de grond. Er zit een groot gat in. Renzo en zijn vrienden staan op een afstandje te lachen.

'Waar slaat dat op?' Arjen rent boos naar de meester.

Nadat hij alles heeft uitgelegd en zijn kapotte bal laat zien, moet Renzo nablijven. Arjen vindt het net goed voor hem. Hij begrijpt niet waarom je zoiets zou doen.

Na schooltijd gaan Arjen en Gijs naar het pleintje. Na een half uurtje komen ook Koos en zijn neefjes eraan.

Ze zijn lekker aan het voetballen als ze ineens Renzo zien aankomen.

'Zo, zo, lekker aan het voetballen?' vraagt hij met een gemene lach. 'Zal ik meedoen?'

Arjen is een beetje bang voor Renzo en heeft er geen zin in dat er weer een bal van hem lek zal gaan en kijkt op zijn horloge. 'Ooo, is het al zo laat? Ik moet naar huis, want om zes uur moet ik al trainen.'

Hij speelt inmiddels bij de E-pupillen en is bijna acht jaar. Ook bij dit team is zijn vader Hans de trainer. De trainingen zijn hier een stuk zwaarder en Arjen leert veel van zijn vader. Bovendien zijn de spelers van de E'tjes beter dan de F'jes. Arjen moet hard werken om alle oefeningen bij te kunnen houden. Ook is hij niet meer de beste van het team en dat vindt hij lastig. Hij wil het liefst altijd de beste en de snelste zijn. Daarom besluit hij nog meer zijn best te doen tijdens de trainingen.

Op zaterdagmorgen ligt Arjen nog lekker te dommelen in zijn bed, als hij plotseling overeind schiet. Zijn vader wekt hem. Intussen hoort hij de kerkklokken acht keer luiden.

'Sta je op?' vraagt zijn vader.

Arjen springt uit bed. 'Ik moet opschieten.' Hij trekt zijn kleren aan en holt naar beneden.

Zijn vader zucht. 'Ik ben ook veel te laat opgestaan. We moeten met de fiets naar het voetbalveld, want de auto is in de garage.'

Met een broodje in zijn hand haasten Arjen en zijn vader zich naar het voetbalveld. Vijf minuten voor het begin van de wedstrijd komen ze aan. 'Goedenavond,' plagen zijn ploeggenoten hem als hij de kleedkamer inkomt.

'Tja, Arjen,' zegt zijn vader. 'Regels zijn regels. Als je te laat komt, ben je wissel. Helaas kan ik je nu niet opstellen, ook al ben je mijn zoon.'

'Maar jij bent toch ook te laat?' stelt Arjen vast.

'Klopt, maar als ik mezelf schors, zitten jullie zonder coach. Dan gaat de wedstrijd niet door.'

Arjen zit op de bank en baalt. Het lukt zijn team niet om de tegenstander te verslaan. Misschien was het mij wel gelukt om te scoren, denkt Arjen bij zichzelf, maar hij zegt niks. Hij neemt zich voor om voortaan altijd ruim op tijd op te staan, ook als hij niet wakker wordt gemaakt. Zodat hij op tijd op elke training en wedstrijd kan zijn.

Op dat moment fluit de scheidsrechter af. 'Nu worden we vast geen kampioen meer,' zucht Arjen. Ook de andere spelers balen omdat de kans op de titel nu steeds kleiner wordt.

Het duurt niet lang voordat Arjen ook bij de E-pupillen de beste is.

Terwijl hij pas negen jaar is, krijgt hij een telefoontje dat hij mag meetrainen bij de D's.

De trainer zegt er wel bij dat spelen in de D-pupillen erg pittig is. 'We nemen elke training heel serieus.'

Dat vindt Arjen juist erg leuk.

Maar op de eerste training wacht hem een onaangename verrassing: Renzo speelt ook bij de D-pupillen. Arjen baalt, want hij voetbalt liever niet met Renzo. Maar tijdens de training heeft hij niet veel tijd om daar bij stil te staan. Ze oefenen op conditie, passen en trappen, afwerken op doel en kaatsen.

Daar heeft Arjen wel zin in, want hij wil later graag een echte prof worden.

Als Arjen thuis is, vertelt hij dat hij met een pestkop van school samen moet spelen. Zijn moeder zegt dat hij erboven moet staan.

Misschien moet ik me niets van hem aantrekken, denkt hij. Maar toch valt Arjen 's avonds moeilijk in slaap. Intussen klettert de regen hard op de ramen van zijn slaapkamer.

De volgende ochtend belt zijn trainer om te zeggen dat de wedstrijd niet doorgaat vanwege het slechte weer. Arjen besluit om zijn vrienden te bellen of ze bij hem thuis voetbal op de computer willen spelen. Helaas is Gijs ziek en Koos gaat naar zijn vader toe die in een ander dorp woont.

Net als Arjen in zijn eentje wil gaan spelen, gaat de bel. Tot zijn grote verbazing staat Renzo voor de deur. Hij heeft een cadeau bij zich. 'Sorry dat ik zo rot tegen je deed,' zegt hij.

Arjen pakt het cadeau uit. 'Een nieuwe leren bal? Wat cool.'

'Ik was jaloers op jou, omdat je zo goed kunt voetballen,' geeft Renzo toe.

'Ik ben het alweer vergeten,' zegt Arjen.

Ze ploffen op de bank en beginnen meteen aan het spel, maar midden in de game valt de tv uit.

Op dat moment komt de moeder van Arjen binnen en zegt: 'Het is eindelijk droog. Waarom gaan jullie niet buiten spelen?'

'Goed plan,' zegt Arjen. 'Dan gaan we voetballen met mijn nieuwe bal.'

De hele morgen spelen ze op straat. Renzo leert Arjen nieuwe trucjes en de pestkop blijkt eigenlijk heel aardig te zijn.

Op woensdagavond spelen de D-pupillen een inhaalwedstrijd.

Arjen ziet er nu niet meer tegenop om met Renzo samen te moeten spelen. Hij heeft juist veel zin in de wedstrijd. Zeker als hij ook nog eens een leuk meisje langs de lijn ziet staan.

Arjens team heeft de aftrap.

Na goede combinaties krijgt Arjen een kans om te scoren, maar hij ziet vanuit zijn ooghoeken dat Renzo is meegelopen. Hij tikt breed, zodat de voormalige pestkop 1-0 kan scoren.

Renzo gaat na zijn doelpunt helemaal uit zijn dak. 'Thanks, Arjen!' Kort na rust krijgt VV Bedum een tegenvaller te verwerken. De tegenstander maakt 1-1.

De spanning loopt hoog op. De spelers zijn tegen het einde van de wedstrijd uitgeput, maar Arjen gaat ondanks zijn vermoeidheid toch door. In de laatste minuut brengt hij zijn team op 2-1.

'Goal!' roept iedereen. Het publiek juicht. Ook het meisje klapt voor Arjen.

Renzo en Arjen geven elkaar een high five. Na afloop is het in de kleedkamer groot feest. De eerste wedstrijd is gewonnen en meteen staan ze boven aan de ranglijst.

'Heb je dat meisje langs de kant zien staan?' vraagt Arjen.

Renzo knipoogt naar Arjen. 'Ik ken haar heel goed. Vind je haar leuk?'

Arjen haalt zijn schouders op. 'Ik weet het niet.'

Glimlachend geeft Renzo hem een vriendschappelijke tik. 'Dat meisje heet Noëlle. Ze is mijn zus. '

Blozend pakt Arjen zijn voetbaltas in en gaat naar huis.

HOOFDSTUK 4

Arjen gaat naar FC Groningen

Arjen is al twaalf jaar. Hij ligt de hele nacht wakker en kan maar niet slapen. Telkens denkt hij aan morgen. Dat wordt een spannende dag voor hem. Arjen speelde zo goed bij VV Bedum, dat hij mocht overstappen naar een echte profclub. 'Mijn eerste voetbaltraining bij FC Groningen,' zegt hij in zichzelf.

's Ochtends als de wekker gaat, komt Arjen moe uit zijn bed. Hij werkt snel een broodje naar binnen en pompt zijn bal nog even op. Die neemt hij mee achter op zijn fiets.

Het weer zit niet echt mee. Er staat een harde wind en het miezert ook nog eens. Maar dat kan Arjen niets schelen; hij gaat immers naar FC Groningen. Eigenlijk kan hij het nog steeds niet geloven. Een scout had gezien hoe goed hij bij VV Bedum kon dribbelen, schieten en scoren. Toen werd hij gevraagd om bij FC Groningen te komen spelen. Met veel plezier denkt hij terug aan zijn fijne tijd bij VV Bedum. Terwijl hij in gedachten verzonken is, trapt hij zo hard hij kan. Des te eerder ben ik bij het voetbalstadion van FC Groningen, denkt hij.

Maar opeens ziet Arjen een hele vreemde man lopen. Hij heeft een donkere bril op en kijkt Arjen heel lang aan, alsof hij hem bekend voorkomt. Hij tuurt net zo lang naar Arjen totdat hij de bocht om is gefietst.

Wat een engerd, denkt Arjen. Maar het zal wel niets bijzonders zijn. Snel fietst hij verder, op naar zijn training bij een echte, grote club.

De volgende dag vertelt Arjen aan zijn vrienden hoe gaaf de training bij FC Groningen was. 'We hebben een partijtje gedaan en iedereen was supergoed en …´ Dan stopt Arjen opeens. Hij ziet de vreemde man van gisteren weer. 'Snel jongens, fietsen. We moeten naar school. '

Zijn vrienden begrijpen niets van zijn vreemde reactie.

Koos haalt zijn schouders op. 'Wat doe je raar? Waar heb je last van?'

'Ssst…' sist Arjen. 'Dat vertel ik jullie later wel.'

In de pauze legt Arjen aan zijn vrienden uit waarom hij zo graag door wilde fietsen. 'Gistermiddag was ik op weg naar de training bij FC Groningen. Toen kwam ik die man ook al tegen. Hij volgde me tot ik de hoek om was. Hij ziet er heel eng uit. Ik ben me echt kapot geschrokken. En nu was hij hier weer…'

Gijs is het met hem eens. 'Ik vond hem er ook vreemd uitzien.'

'Zullen we dan maar gaan voetballen?' stelt Renzo voor.

Daar is iedereen het meteen mee eens.

Ze maken twee teams, en zitten al snel midden in een spannende partij.

Koos komt met een hoge voorzet en Arjen kopt hem zo in het doel. 'Wauw. 1-0 voor ons,' juicht Arjen.

Iedereen rent op hem af en geeft hem een high five.

Daarna scoort het andere team de gelijkmaker: 1-1.

Gijs wil graag winnen. Dus gaat hij met de bal aan de voet naar voren. Daar speelt hij Koos aan. Er wordt heel goed samengespeeld. Uiteindelijk zet Arjen voor op Gijs die de bal in de goal schiet. 'Yes. 2-1.'

Het andere team baalt. Ze willen opnieuw een gelijkmaker scoren, maar dan gaat de bel.

'Waarom is de pauze zo kort, meester?' vraagt Arjen met een diepe zucht.

'Omdat we nog veel moeten leren voor de Cito-toets. In februari is het alweer zover.'

'Saai.' Arjen haalt zijn neus op. 'Ik maak liever een Cito-toets over voetbal.'

'Haha, jij bent me er eentje. Word jij later maar een echte prof. Dan kom ik naar jou kijken in een vol stadion.'

Een paar weken later speelt Arjen zijn eerste voetbalwedstrijd bij FC Groningen.

Spits Maik geeft een mooie voorzet op Arjen, die fraai scoort. Het is 1-0 voor FC Groningen. Arjen is helemaal blij, omdat hij in zijn eerste wedstrijd al een doelpunt maakt.

In de rust gaat Arjens team naar de kleedkamer om wat fris te drinken. Dan ziet Arjen opeens die vreemde man weer staan. Een angstig gevoel bekruipt hem. Snel loopt hij met de rest van zijn team mee. Wat wil die man van me? denkt hij. Wat moet ik doen?

Maar de man roept: 'Ho eens even. Wie ben jij?'

'Ik heet Arjen,' mompelt hij.

'Hij speelt sinds kort ook bij FC Groningen,' legt een medespeler uit.

Arjen loopt gauw weg, de kleedkamer in, en vertelt wat er gebeurd is.

Maar zijn teamgenoten reageren helemaal niet bang of geschrokken: ze moeten lachen. 'Dat is een scout. Hij kijkt of je goed genoeg bent voor een hoger elftal bij FC Groningen.'

Arjen zucht opgelucht. 'Echt? Dat is geweldig. Ik dacht dat hij een engerd was,' zegt hij met een glimlach op zijn gezicht.

Ook de tweede helft gaat het erg goed met FC Groningen. Ze winnen de wedstrijd met 3-1.

Na de wedstrijd staat ineens Noëlle voor Arjens neus. Ze feliciteert hem met de overwinning.

'Huh? Wat doe jij hier? Hoe wist je dat ik een wedstrijd had?' vraagt Arjen.

'Dat heeft mijn broer verteld. Zullen we een keer samen wat gaan doen?'

Arjen bloost. 'Wil je met me voetballen?'

Noëlle schiet in de lach. 'Ik zat meer aan een film te denken. Zullen we naar de bioscoop gaan?'

Arjen twijfelt. 'Liever een andere keer,' zegt hij daarna. 'Ik ben erg druk met voetbal.'

'Jammer,' zegt Noëlle. Ze kijkt naar de achterband van haar fiets. 'Oeps. Ik heb een probleem. Mijn band is lek.'

'Geeft niet,' zegt Arjen. 'Spring maar bij mij achterop.'

Als Noëlle achterop zit, bedenken ze samen een liedje. 'Spring maar achterop bij mij, achter op mijn fiets. Ik weet nog niet waar we naartoe gaan, maar dat boeit me ook helemaal niets.'

'Wat een coole tekst,' vindt Arjen. 'Misschien wordt het later wel een vette hit.'

'Ja hoor,' lacht Noëlle. 'Die kans is net zo groot als dat jij later een echte prof wordt.'

HOOFDSTUK 5

De droom over de cup met de grote oren

Die nacht bedenkt Arjen in bed hoe het zou zijn geweest als hij wél met Noëlle naar de film was gegaan.

De film is spannend en grappig. Gelukkig gaat het ook een beetje over voetbal.

'Hé, wat is dat?' Arjen zet grote ogen op. 'Kijk. Ik ben in beeld. Samen met mijn grote voetbalheld Romario.' Arjen schrikt enorm. Hij kan zijn ogen niet geloven en staart naar de unieke beelden. Hij ziet dat hij samen met Romario in één team speelt, in coole voetbalshirts van FC Barcelona. Ze staan samen in de voorhoede en scoren de prachtigste doelpunten.

Arjen is blij dat hij samen met Romario bij FC Barcelona in de spits staat. Ze scoren aan de lopende band. Barcelona doet het goed in de competitie; de Spaanse club wint veel wedstrijden vooral door de vele goals van Romario en Arjen.

In het begin klikte het nog niet goed. Arjen moest nog Spaans leren. De Braziliaan Romario sprak al wel prima Spaans. Daarom kreeg Arjen van zijn idool Spaanse les en leerde hij veel woorden en zinnen. In een maand tijd kreeg Arjen de belangrijkste voetbalwoorden onder de knie, want een nieuwe taal leren is erg moeilijk.

Barcelona moet nog één belangrijke wedstrijd winnen. Als dat tegen Real Madrid lukt, mag Arjens club de finale van de Champions League spelen.

De wedstrijd is erg spannend. Het blijft lange tijd 0-0. Arjen struikelt in de laatste minuten over zijn veters en valt op zijn knie. Hij
trekt een verbeten gezicht van de pijn. Mensen van de EHBO willen
hem met een brancard van het veld afdragen, maar Arjen wil dat
niet. 'Ik ga door; ik geef nooit op.'

Als er nog twintig seconden te spelen zijn, zet Arjen voor op
Romario. De topscorer schiet raak. Romario springt boven op de
rug van Arjen om hem te bedanken voor de mooie voorzet. De
spelers lopen daarna juichend het veld af.

Na afloop van de wedstrijd heeft Arjen nog veel pijn en moet hij
naar het ziekenhuis. Een arts vertelt hem daar dat hij voorlopig niet
mag voetballen. Het is zelfs afwachten of hij wel van de partij kan
zijn in de finale van de Champions League. Arjen baalt heel erg en
is verdrietig. Hij heeft altijd al gedroomd over de beker met de grote
oren. Nu gaat alles misschien helemaal fout.

Een dag voor de finale moet Arjen weer naar het ziekenhuis. De
dokter heeft goed nieuws voor hem. 'Arjen, je mag weer voetballen.'

Arjen gaat uit zijn dak. 'Echt waar?' Hij belt meteen zijn trainer om het goede nieuws te vertellen dat hij mee mag spelen.

Zijn teamgenoten zijn ook allemaal erg blij.

Nu kan Arjen meedoen aan de Champions Leaguefinale tegen Bayern München. Ook wel een stoere club, denkt hij.

Dan is eindelijk de dag van de finale van de Champions League aangebroken.

Arjens familie is naar het stadion gekomen om hem aan te moedigen. Ook zijn vriendin Noëlle is erbij. Het was alweer een hele poos geleden dat hij haar had gezien.

De spelers komen het veld op. Arjen kijkt de tribune in en zwaait naar zijn familie. Hij gaat daarna in de dug-out zitten. Omdat hij niet voluit heeft getraind, mag hij niet in de basis starten.

In het begin van de wedstrijd speelt Barcelona slecht. Daarom komt Bayern München op voorsprong. Arjen baalt ervan en kan maar moeilijk stilzitten op de bank. Hij wil er graag in, maar zijn trainer wisselt nog niet.

In de tweede helft mag Arjen eindelijk invallen. Hij loopt trots het veld op en is van plan om te gaan schitteren.

Iedereen begint te juichen.

De aftrap is voor Barcelona. Arjen legt de bal op de middenstip en trapt naar Romario.

De Braziliaan loopt alleen op het doel af. Hij ontwijkt de keeper en schiet de bal in het doel. Het is 1-1. Nu wordt het wel heel erg spannend.

Arjen kijkt zenuwachtig naar de tribune. Hij ziet Noëlle naar hem kijken.

Zij roept: 'Kom op Arjen, je kunt het. Scoren.'

In de laatste vijf minuten krijgt Arjen de bal aan de zijkant van het veld. Hij doet alsof hij langs de verdediger wil rennen, maar dribbelt plotseling direct naar het doel. De verdediger is verrast en valt op de grond. Nu is de weg naar het doel voor Arjen helemaal vrij. De keeper komt op Arjen af en probeert duikend de bal voor zijn voeten weg te graaien. Maar de doelman reageert veel te laat. Arjen schiet de bal en scoort in de laatste minuut van de wedstrijd. Het is 2-1. Arjen wint de beker met de grote oren. Wat een hoogtepunt.

Direct na de wedstrijd krijgt Barcelona de beker uitgereikt. Het hele team is heel blij en ze vieren groot feest op het veld.

Arjen krijgt de beker in handen. Fotografen en cameramannen komen om Arjen heen staan. Hier heeft hij altijd al van gedroomd. Voor Arjen is het feest extra leuk, want hij wordt zelfs uitgeroepen tot 'Man of the match'. Dit betekent dat hij de allerbeste van de wedstrijd was. Arjen loopt naar zijn familie en Noëlle. Iedereen feliciteert hem met de beker.

Noëlle wil hem een zoen geven.

'Arjen, wakker worden!' zegt zijn moeder. Ze heeft hem net op de wang gekust. 'Wakker worden!'

Arjen schiet overeind en veegt met zijn hand over de wang. Hij zit binnen twee tellen rechtop in zijn bed. 'O nee, hè. Heb ik alles gedroomd?' Hij wrijft in zijn ogen. 'Wat jammer dat mijn droom is afgelopen! Ik droomde dat ik de finale van de Champions League won.'

'Wat grappig,' zegt zijn moeder. 'Maakte jij de winnende goal?'

Arjen knikt. 'Ja. Ik maakte de 2-1. Maar misschien zal dat nooit in het echt gebeuren.'

'Ach, je weet maar nooit. Je moet altijd blijven dromen.'

Arjen loopt samen met zijn moeder naar beneden en vraagt waarom ze hem wakker heeft gemaakt.

'Er is telefoon voor je…'

HOOFDSTUK 6

Ik blijf bij FC Groningen

Arjen neemt de telefoon aan. 'Ha, eh, hallo?' stottert hij, 'met wie spreek ik?'

'Met de scout van Ajax. Spreek ik met Arjen Robben?'

De man aan de andere kant van de lijn vertelt dat hij een belangrijke vraag heeft.

Arjen voelt dat hij een beetje zenuwachtig wordt.

De man vertelt dat ze hem de laatste tijd in de gaten gehouden hebben. 'Je bent goed vooruitgegaan sinds je bij FC Groningen speelt. Zou je misschien bij Ajax willen spelen?' eindigt hij.

Arjens mond valt open van verbazing. Hij weet even niks te zeggen.

'Arjen, zou je dat willen?'

Arjen antwoordt dat hij eerst met zijn ouders moet overleggen. 'Ajax is de topclub uit Amsterdam. Dat is niet om de hoek. Moet ik dan elke dag met de trein?' Hij spreekt af dat hij eerst met zijn ouders gaat overleggen en daarna de scout van Ajax zal terugbellen.

Zijn moeder kijkt hem vragend aan. 'Wie was dat?'

'Dat was de scout van Ajax. Hij vroeg of ik bij Ajax kom voetballen.' Arjen kan het zelf nog niet geloven.

Ook zijn moeder is erg verbaasd. 'Jij bij Ajax?' reageert ze verrast. 'Hoe vind je dat?'

'Tja. Het is wel vet dat ze me graag willen hebben. Ze hebben me al een paar keer zien voetballen en nu willen ze mij in hun jeugd-team.'

Hoe blij Arjens moeder ook voor hem is, ze vindt het uiteindelijk toch niet goed. Arjen zit nog op school, en hoe moet hij vijf keer per week naar Amsterdam en weer terug? Met het hele gezin ver-huizen van Bedum naar Amsterdam ziet ze niet zitten.

Arjen baalt ervan, maar diep in zijn hart weet hij dat zijn moeder gelijk heeft. Hij heeft het nu al heel druk, en ook bij FC Groningen kan hij zich nog beter ontwikkelen. Diezelfde avond belt Arjen de scout terug en legt uit waarom hij niet kan komen spelen bij Ajax.

De scout begrijpt het wel, en zegt dat hij hem in de gaten zal houden.

Daarom is Arjen extra goed gemotiveerd als hij later die dag in de bus stapt. Hij heeft met zijn team een uitwedstrijd bij Vitesse. Ze gaan naar Arnhem.

Onderweg denkt Arjen terug aan het telefoontje van Ajax. 'Mis-schien ga ik later wel bij een andere topclub spelen,' zegt hij tegen een ploeggenoot die naast hem zit.

'Ik zou eerst maar zorgen dat je in het eerste van FC Groningen komt.'

Als ze ter hoogte van de Veluwe zijn, hoort Arjen opeens een knal. De chauffeur van de bus remt uit volle macht. Arjen schrikt en gaat staan. 'Wat is er gebeurd?'

'Ik heb een klapband,' zegt de chauffeur. 'Ga allemaal maar de bus uit. Ik bel de ANWB om de band te vervangen.'

Arjens trainer kijkt op zijn horloge. 'Zorg dat je over twintig minuten weer terug bent.' Hij geeft de jongens een paar ballen mee. 'Ik hoop dat het niet te lang duurt, anders komen we te laat voor de wedstrijd.'

Het hele team gaat het bos in.

Arjen maakt twee groepen en daarna gaan ze voetballen. Bomen die ongeveer zeven meter uit elkaar staan vormen de doelen. Goed voetbal is nauwelijks mogelijk op de hobbelige bosweg.

Na een 0-1 achterstand, gaat Arjen er twee keer snel met de bal vandoor. Het wordt 2-1. Daarna breekt een tegenstander door. Hij schiet keihard. Arjen haalt opgelucht adem, want de bal suist langs de verkeerde kant van de boom, die als doelpaal wordt gebruikt.

Arjen wil de bal ophalen, maar ziet hem niet liggen. Hij loopt steeds verder het bos in. Daardoor hoort hij niet dat de buschauffeur op zijn vingers fluit als teken dat Arjens team weer verder kan rijden.

Arjen loopt en loopt. Hij ziet door de bomen het bos niet meer. Alle bomen lijken op elkaar, denkt hij. Arjen zucht. Hoe vind ik de weg terug? Opeens hoort hij geritsel en gepiep. Wat is dat nu weer? Arjen loopt op het geluid af. Opeens schiet er een muisje uit takken die op de grond liggen. Piepend loopt het muisje over Arjens schoen heen. 'Gatsie.' Hij baalt dat hij verdwaald is. Arjen kijkt rond. Waar is de bus nou? Hoe kom ik terug? Vertwijfeld gaat hij op de grond in het mos zitten. Als ik verder loop, kom ik misschien in Duitsland terecht. Hij zucht. Ik ben nog nooit verdwaald

geweest. Dit is echt balen. Wat moet ik nu doen?

In de verte hoort hij getoeter. Arjen veert op en loopt in de richting van het geluid. Na tien minuten rennen, komt hij eindelijk bij de bus terug.

Zijn ploeggenoten klappen voor hem.

Arjens trainer is opgelucht. 'Ik maakte me grote zorgen en was net van plan de politie te bellen. Gelukkig ben je nog net op tijd terug.'

Tijdens de wedstrijd in Arnhem staat FC Groningen lange tijd met 1-0 achter. In de slotminuut geeft Arjen een pass op Dylan. Die kan zodoende de gelijkmaker scoren.

Arjen ziet dat een man langs de zijlijn van alles opschrijft. Wie zou die man toch zijn? denkt hij.

HOOFDSTUK 7

Debuteren in het eerste van FC Groningen

Arjen heeft de man de laatste tijd al vaker gezien. Hij denkt dat het weer een scout is. Zou hij namens Ajax komen? vraagt hij zich af. Of misschien willen Feyenoord en PSV me ook wel hebben. Arjen loopt door de straat waar hij woont. Hij is in gedachten en ziet iemand bij hem thuis naar binnen gluren. De takken van de struiken bewegen. Zit die scout in de struiken? Is hij iets verloren? Maar als Arjen dichterbij komt, vliegt er een zwerm vogels uit de struiken. Hij moet om zichzelf lachen. Tjonge Arjen, lekker bezig. Alsof een scout iemand is die altijd stiekem in de bosjes zit te kijken. Die man heeft wel wat beters te doen. Talenten opsporen bijvoorbeeld.

Die avond eten ze Arjens lievelingseten: stamppot. Sinds hij zo veel traint, kan hij wel blijven eten. In zijn eentje eet hij net zo veel als zijn ouders samen. En als ze uitgegeten zijn, pakt Arjen ook nog stiekem een bak ijs en gaat ermee naar boven. Hij zet de televisie aan en zoekt met zijn afstandsbediening naar de voetbalzender. Intussen eet hij lekker zijn ijs op.

Opeens hoort hij de stem van zijn moeder. 'Arjen. Eet je nu alweer de hele voorraadkast leeg? Het eten is niet aan te slepen met jou in huis.'

Arjen slikt snel een hap ijs door. 'O, sorry mam. Ik had gewoon nog trek in een toetje.' Hij schiet in de lach. 'Als ik veel train, heb ik energie nodig.'

Hoofdschuddend verlaat Arjens moeder de kamer.

Na de voetbalwedstrijd op tv, valt Arjen in slaap. Meestal gaat hij vroeger naar bed dan zijn leeftijdsgenoten. Als je een echte prof wilt worden, moet je namelijk niet alleen goed eten en vaak trainen, maar ook heel goed rusten.

De volgende morgen moet Arjen vroeg uit bed, want hij gaat trainen bij de A-jeugd van FC Groningen. Hij is de jongste van het team, maar toch mocht hij al door.

'Schiet op. Straks kom je nog te laat voor de training!' zegt zijn moeder.

Arjen pakt zijn spullen bij elkaar en springt op zijn fiets. Hij rijdt snel langs het kanaal. Opeens denkt hij dat hij dezelfde man ziet als gisteren. Hij kijkt over zijn schouder. Is dat nou die scout die bij de wedstrijd in Arnhem was? Of zie ik ze vliegen? Hij blijft net zo lang kijken tot de man een zijstraat in gaat. Arjen kijkt net iets te lang over zijn schouder en dan... plons! Met fiets en al valt hij in het kanaal en wordt drijfnat. Gelukkig is het kanaal niet diep. Arjen bibbert en pakt zijn fiets. Hij klautert met zijn fiets het water uit. In zijn natte kleren fietst hij toch maar door naar de club. Onderweg druppelt het water uit zijn kleren en kijken veel mensen verbaasd naar hem.

Arjen fietst vlot door, want hij wil niet zijn eerste training bij de A-jeugd missen. Als hij bij de training aankomt, ziet hij dat ze al zijn begonnen.

'Balen. Toch nog te laat,' moppert hij tegen zichzelf.

De coach komt met een serieus gezicht op Arjen af. 'Waarom ben je zo laat? En waarom ben je zo nat? Ben je soms hiernaartoe komen zwemmen?' voegt hij er lachend aan toe.

Arjen legt uit wat er gebeurd is, maar toch mag hij niet meetrainen. Hij moet de hele tijd op de bank zitten van de coach. De hele training baalt hij als een stekker. Wat zijn ze hier streng! Als de anderhalf uur eindelijk voorbij is, gaat Arjen naar huis zonder dat hij heeft getraind.

Eenmaal thuis vraagt zijn moeder: 'Hoe ging de training bij de A-junioren?'

Arjen kijkt sip. 'Ik moest de hele training op de bank zitten, want ik was te laat,' zegt Arjen.

'Ik geloof er niets van, want je stinkt een uur in de wind,' zegt zijn moeder.

Tja, hoe zou dat nu komen? denkt Arjen.

De volgende dag gaat Arjen weer naar school. Hij is zestien jaar en zit op het Kamerlingh Onnes College. Opeens wordt hij door zijn moeder gebeld. Arjen voelt zijn mobiel trillen en vraagt aan zijn leraar of hij naar de wc mag. Daar neemt hij op en vraagt wat er aan de hand is.

'Het is niet te geloven,' zegt zijn moeder. 'Trainer Jan van Dijk heeft gebeld. Je mag vanavond meetrainen bij het eerste van FC

Groningen. Ze hebben een invaller nodig voor de wedstrijd tegen RKC Waalwijk.'

'Echt?' Arjen springt een gat in de lucht. Maar dan ziet Arjen de docent in de deuropening staan. Hij krijgt een waarschuwing. Later als hij naar huis fietst, bedenkt hij dat Noëlle zou langskomen. Hij stuurt haar een sms'je dat hij vanavond niet kan. Hij nodigt haar wel uit voor de wedstrijd van morgen, want hij merkt al een tijdje dat ze het niet leuk vindt dat hij altijd maar met voetbal bezig is.

Dolgelukkig komt hij thuis. Zijn moeder heeft al een groot bord met eten klaarstaan, want dit keer mag hij echt niet te laat komen. 'Morgen speel je misschien je eerste wedstrijd in het eerste tegen RKC Waalwijk,' zegt ze trots.

Arjen pakt zijn spullen en gaat snel naar de training. Hij doet nog meer zijn best. De training gaat goed, ook al is het wennen om met allemaal vreemden te spelen, die bovendien veel ouder zijn dan Arjen zelf.

Aan het einde van de training zegt de coach dat hij erg tevreden is. 'Morgen maak je je debuut in het eerste, in de wedstrijd tegen RKC Waalwijk.'

Die nacht ligt Arjen wakker, omdat hij zo zenuwachtig is voor de wedstrijd van morgen. 'Voor de eerste keer in het eerste van FC Groningen. Mijn grote droom komt uit.'

De volgende morgen moet hij eerst gewoon naar school. Arjen heeft zijn lievelingsvakken Engels en Spaans, want hij is dol op alle talen. Toch kruipt de tijd vandaag voorbij, want hij kan niet wachten tot het tijd is om naar de wedstrijd te gaan.

In de pauze ziet hij een leuk nieuw meisje. De laatste tijd heeft hij Noëlle erg weinig gezien. Arjen is namelijk zo druk met voetballen en trainen dat hij geen echte verkering wilde. Bovendien wil Arjen ook graag optrekken met zijn eigen vrienden. Maar van dit meisje is hij meteen ondersteboven.

Ze loopt op hem af. 'Hoi. Ik ben Bernadien. Ik zit vandaag voor het eerst op deze school. Ik heb scheikunde. Weet jij waar dat lokaal is?'

'Wat toevallig. Ik heb ook scheikunde. Loop maar met me mee. Ik ben Arjen.' Arjen gaat naast Bernadien zitten. Tijdens de les kan hij zich maar moeilijk concentreren. Hij kan maar aan twee dingen denken: de wedstrijd van vanavond en aan Bernadien. Hij schrijft stiekem iets op een briefje en geeft het aan zijn nieuwe buurvrouw.

Zij is verbaasd en vouwt het briefje open. 'Ik voetbal bij FC Groningen. Wil je met me mee naar de voetbalwedstrijd. Die begint vanavond om 19.00 uur,' leest ze zachtjes in zichzelf.

Arjen kijkt haar aan. 'En?'

'Het lijkt me cool om naar een echt stadion te gaan.' Ze knikt. 'Ja. Ik wil dolgraag met je mee.'

Arjen begint de wedstrijd op de bank. Groningen speelt goed en staat met 1-0 voor. Maar dan maakt RKC Waalwijk gelijk: 1-1. Pas als de tweede helft al een hele tijd bezig is, vraagt trainer Jan van Dijk eindelijk aan Arjen om zich klaar te maken voor de laatste twintig minuten van de wedstrijd. Arjen krijgt applaus van het publiek als hij voor het eerst het veld op gaat. Zijn naam wordt zelfs omgeroepen! Nu wil hij nog liever een goede indruk maken op al het publiek, en op Bernadien natuurlijk.

De wedstrijd is bijna afgelopen als Groningen nog een strafschop krijgt. Arjen mag hem nemen. Gelukkig zijn penalty's altijd zijn sterke punt geweest. Arjen neemt een aanloop. Hij schiet. De bal gaat richting het doel en… goal!

Iedereen juicht en springt op Arjens rug.

Met een grote glimlach rent hij over het veld.

HOOFDSTUK 8

Een supertijd bij FC Groningen

Arjen kijkt de volgende dag tijdens het avondeten naar zijn bord. Hij kan nog steeds niet geloven dat het hem echt gelukt is. Als debutant en allerjongste van het team had hij gescoord! Tijdens de wedstrijd ving Arjen af en toe een glimp van Bernadien op.

Ze knipoogde langs de lijn naar hem en hij glimlachte terug.

Arjen neemt nog een hap van zijn spaghetti, maar het smaakt hem niet zoals normaal. Hij voelt kriebels in zijn buik. De helft van het eten ligt nog op zijn bord. Toch zet hij het bord in de keuken op het aanrecht. Dan snelt hij naar zijn kamer en zet de televisie aan. Hij gaat op zijn bed zitten. *Pling*, doet zijn mobiel. Hij kijkt van wie het sms'je is. Het is van Bernadien. Hij beseft dat hij verliefd is. Het is net alsof hij vlinders in zijn buik voelt als hij het opent.

Hoi Arjen. Je hebt goed gespeeld! Ik zie je morgen op school wel weer. PS: Heb je zin om morgenavond mee te gaan naar de film? X Bernadien.

Een x! Dus Bernadien vindt hem echt leuk? 'Yes,' zegt Arjen hardop. Hij gaat helemaal uit zijn dak, maar dan bedenkt hij zich dat hij morgenavond moet trainen. Dat zal ze vast niet leuk vinden, vermoedt Arjen. Hij voelt zich onzeker en legt zijn mobiel weg. Arjen gaat naar bed zonder een bericht terug te sturen.

Als Arjen de volgende dag het schoolplein op komt fietsen, wacht Bernadien hem op bij het fietsenhok. Ze zwaait naar hem en hij kijkt een beetje verlegen. Arjen zet zijn fiets in het hok en blijft haar aankijken.

'Heb je m'n sms'je niet gekregen?' vraagt Bernadien.

'Eh. Nee,' liegt hij, 'mijn mobiel stond de hele avond uit.'

Hij loopt naar binnen met Bernadien, die zijn leugen gelooft.

Aan het einde van de laatste les loopt Arjen meteen naar zijn fiets om zo snel mogelijk weer thuis te zijn, zodat hij nog even kan gamen voor de training. Aan zijn fietsbel hangt een kleine rode envelop. *Voor Arjen,* staat erop. Snel maakt hij de envelop open. Er zit een briefje in de vorm van een paars hartje in. Hij vouwt het open. Er staan mooie sierletters op: *Hoi Arjen. Heb je zin om vanavond met me naar de film te gaan? Xx Bernadien.*

Ze had dat briefje natuurlijk geschreven omdat hij niet reageerde op het sms'je met dezelfde vraag als op het briefje. Nu twijfelt hij niet meer. Hij pakt een pen uit zijn tas en schrijft op het briefje: *Dat wil ik heel graag. Maar vanavond kan ik pas om half tien.* Hij legt het briefje neer op het zadel van Bernadien die nog een les heeft en fietst met een grote glimlach op zijn gezicht naar huis.

Op de training krijgt Arjen goede adviezen. 'Meer naar rechts, naar rechts Arjen, rechts!' schreeuwt zijn trainer over het veld, terwijl hij met drukke gebaren wijst.

Arjen volgt de raad van zijn trainer op en schiet de bal richting het doel. Maar de bal gaat rechts langs de goal.

Zijn trainer schudt zijn hoofd. 'Ik bedoelde dat je meer naar rechts moest dribbelen en niet naar rechts moest mikken. Want dan gaat de bal naast.'

'Precies.' Arjen zucht. 'Daar kwam ik ook al achter.'

Even later lukt het Arjen wel om te scoren.

De anderen uit zijn team geven hem een high five.

Na de training kleedt Arjen zich snel om en doet wat deo op. Hij fietst naar de bioscoop en ziet dat Bernadien er nog niet staat. Huh, zou ze niet komen? Arjen kijkt op zijn horloge. Ze is te laat. Daarom maakt hij zich grote zorgen. Misschien heeft ze onderweg een ongeluk gehad of wil ze hem niet eens meer zien. Wellicht moet ik maar eens terugfietsen. Dan kom ik haar vast wel tegen. Maar dan bedenkt Arjen zich dat hij niet eens weet waar ze precies woont. Als hij op het punt staat naar huis terug te gaan, komt Bernadien er toch aan. 'Sorry. Ik zat thuis voetbal op tv te kijken. Het was zo spannend, dat ik de tijd vergat.'

Arjen moet lachen. Wat stoer, een vriendin die ook gek op voetbal is, denkt hij. Net als ik.

Samen lopen ze bij de bioscoop naar binnen. Ze gaan op de achterste rij zitten. Ze genieten van de film. Dat komt ook omdat de hoofdrolspeler dol is op voetbal en er spannende voetbalscènes zijn.

Arjen voelt zich erg op zijn gemak bij Bernadien.

De volgende dag heeft Arjen een thuiswedstrijd. Zoals zo vaak zitten zijn ouders op de tribune. Als zij er zijn heeft Arjen meestal het gevoel dat hij in vorm is.

Arjen mag rechtsbuiten spelen. Dat vindt hij fijn, want dan kan hij met een schijnbeweging naar binnen dribbelen en met links schieten.

Na een 0-1 achterstand scoort Arjen de gelijkmaker. Het staat nu 1-1 en er zijn nog maar vijf minuten te spelen. In de slotfase krijgt Arjen de bal. Hij passeert zijn tegenstander en richt op het doel. 'Yes. Goal. De bal zit er in. We staan voor met 2-1.' Arjen glundert en wordt na de winst geknuffeld door zijn teamgenoten.

Na de wedstrijd komt er iemand op Arjen af en schudt hem de hand.

'Hallo. Ik ben Harry. Ik bezoek veel voetbalwedstrijden en kijk of er nog gouden talenten rondlopen. Jij bent me opgevallen.'

Arjen moet een beetje lachen, want de man praat in hetzelfde dialect, als zijn opa.

'Ik bel jou nog even. Houdoe.'

Arjen knikt en ziet dat zijn ouders hem in de buurt van de kleed-kamers opwachten.

'Wie was dat?' vraagt zijn vader.

'Ik kon hem net zo goed verstaan als opa die uit Brabant komt,' lacht Arjen. 'Hij wilde zien of er goede spelers rondliepen. Ik was hem opgevallen.'

'Spannend.' Zijn vader steekt zijn duim op. 'Wie weet, kom je nog wel eens bij een echte topclub.'

'Dat is goed nieuws,' zegt Arjens moeder. 'Zei hij verder nog iets?'

'Ja. Hij gaat me binnenkort bellen. Ik denk dat hij ons nummer van mijn trainer heeft gekregen.'

51

Als Arjen op zijn bed zit en een boek leest, wordt hij gebeld door Bernadien. 'Hey Arjen. Hoe ging het voetballen?'

'Goed. We hebben met 2-1 gewonnen.'

'Gefeliciteerd. Jammer dat ik er niet bij kon zijn. Ik moest namelijk naar tennis. Hou jij daar ook van?'

Arjen vindt alle sporten erg leuk. 'Ja, tennissen lijkt me cool. Hoezo dan?' vraagt hij zich af.

'Heb je misschien zin om straks met me te gaan tennissen?' vraagt ze vrolijk.

'Ja hoor. Vet. Ik trek mijn trainingspak aan en kom zo snel mogelijk naar de tennisbaan. Ik zie je daar.'

Even later slaat hij op de tennisbaan een balletje met Bernadien. Het gaat gelijk op. Arjen geniet van het tennisspel en vindt het fijn dat Bernadien zo sportief is. Op het moment dat hij de bal wil terugslaan, gaat zijn mobiel af. Daar schrikt hij zo erg van, dat hij de bal misslaat.

'Ha, set voor mij,' lacht Bernadien.

Arjen pakt zijn mobiel uit zijn trainingsbroek en neemt op. 'Hallo, met Arjen Robben. Met wie spreek ik?'

'Hallo Arjen. Weet je nog dat ik jou laatst sprak? Ik ben Harry en heb een vraagje. Zou jij mee willen trainen bij het jeugdteam van PSV?'

'Eh.' Arjen denkt even na. 'Wauw. Ik wil dolgraag ooit bij PSV gaan voetballen, maar ik maak mijn school in Groningen eerst liever af. En bij FC Groningen krijg ik ook goede trainingen. Dus wil ik liever nog wachten. Begrijpt u dat?'

'Ja hoor. Bedankt, Arjen. Jij kunt altijd bij ons terecht.'

Tevreden sluit Arjen het gesprek af. Hij pakt zijn tennisracket en zwaait naar Bernadien. 'De volgende set win ik.'

HOOFDSTUK 9

Een nieuw avontuur in Eindhoven

Arjen meldt zich in het spelershome van FC Groningen om afscheid te nemen van zijn eerste profclub. Daar wachten zijn teamgenoten al op hem. Hij is keurig op tijd, hoewel hij gisteren met Bernadien uit eten is geweest. Hij denkt er met veel plezier even aan terug. Arjen had z'n netste kleren aangedaan, en Bernadien een mooie jurk. Bij een Italiaans restaurantje hadden ze gezellig gegeten. Ze vierden dat hij zijn havodiploma had gehaald. Arjen is inmiddels achttien jaar en gaat volgend seizoen naar PSV. Hij heeft een jaar geleden het contract al getekend, maar is eerst nog een seizoen bij FC Groningen blijven voetballen, om zijn school af te maken. Hij zegt tegen het team: 'Dit is mijn laatste dag bij mijn club. Ik ga jullie missen.' Hij bedankt iedereen voor de mooie tijd en geeft ze allemaal nog een afscheidscadeautje.

Een bijzondere dag breekt daarna aan. Arjen en Bernadien gaan verhuizen naar Eindhoven.

Zijn vader komt helpen. De grote verhuiswagen rijdt de straat in. Ze doen alle spullen in de verhuiswagen. Arjen geeft zijn moeder nog een dikke knuffel. Dan stappen ze in de auto en begint hun reis naar Eindhoven. Ze zijn een uur onderweg als de motor een raar geluid maakt.

'Wat is dat?' vraagt Arjen.

'Geen idee. Ik ben geen automonteur,' antwoordt zijn vader.

Opeens staan ze stil op de weg en veroorzaken een lange file.

'Ik ook niet,' zucht Arjen. 'En nu?' Hij draait zich om en ziet de rij van stilstaande auto's steeds langer worden.

Zijn vader belt de ANWB.

De monteur is er al binnen vijf minuten. Hij zegt dat de auto naar de garage moet worden gesleept. 'Ik bel wel even mijn baas op. Die kan een vervangende auto brengen.'

Zo komen ze uren later toch nog in Eindhoven aan.

'Wat een leuk huis,' zeggen Arjen en Bernadien in koor. Er hangt een brief aan de deur: *Beste Arjen. Je hebt elke dag om 10 uur training en op zaterdag of zondag een wedstrijd.*

Arjen wrijft in zijn handen. 'Ik heb er nu al zin in.'

Maar eerst laden ze hun spullen uit. Als ze klaar zijn, gaan ze met zijn tweeën naar de winkel. Daar kopen ze pasta, want dat is Arjens lievelingseten. Bernadien gaat doordeweeks taalschriftjes van kinderen nakijken. Ze loopt stage, want ze leert voor juf. Het valt haar op dat een van de kinderen heel veel fouten in spelling heeft. Ze praat erover met Arjen. 'Wat zou er met die jongen aan de hand zijn?' vraagt ze.

Arjen is ondertussen het eten aan het maken. Het is de eerste keer dat hij zelf moet koken, dus hij vindt het best spannend. Hij zingt een Italiaanse aria als hij de spaghetti in kokend water stopt. Hij roept vanuit de keuken: 'Misschien is hij wel dyslectisch! Vroeger zat er bij mij in de klas ook een meisje die dat had. Zij had heel veel moeite met spelling en lezen.'

Als Arjen klaar is met koken, komen ze erachter dat hij voor minstens twintig personen pasta heeft gekookt.

'Nou Arjen,' zegt Bernadien plagend. 'Dat wordt dan de komende dagen pasta eten. Of je moet het meenemen voor je hele elftal.'

'Sorry hoor. Ik heb gewoon het recept gevolgd.'

'Misschien moet jij ook beter leren lezen,' lacht Bernadien. 'Als het niet lukt om bij PSV door te breken, kun je altijd nog kok worden. Trouwens. Ik heb een leuk idee. We houden morgenavond na je eerste training een klein feestje om te vieren dat we nu in Eindhoven wonen.'

De volgende avond is Arjen net terug van zijn eerste training bij PSV.

'Zullen we Mark van Bommel ook uitnodigen?' vraagt Arjen.

Bernadien is verbaasd. 'Ik heb nog nooit van hem gehoord. Wie is dat?'

'O. Een jongen uit mijn team. Hij is heel aardig.'

'Oké. Nodig hem maar uit.'

Arjen belt Mark op.

Even later bewonderen familie en vrienden van Arjen het nieuwe huis.

Dan gaat de bel. Daar staat Mark van Bommel met wel tien vrienden.

Bernadien schrikt ervan. De kamer was al propvol met mensen. 'Dit was niet de bedoeling,' zegt ze tegen Arjen.

Arjen krijgt een goed idee. 'Ach, laten we er een gezellig feest van maken. We hebben toch genoeg pasta.'

Mark had ook eten meegenomen: heerlijke pannenkoeken met stroop.

Er is zo veel eten over dat er buiten op het terras een pannenkoekengevecht wordt gehouden. Het wordt een dolle boel. Mark gooit

een pannenkoek met een slingerworp. Arjen bukt niet op tijd en krijgt er één midden in zijn gezicht. Bernadien zegt: 'Jullie mogen alle troep zelf opruimen.'

Arjen, Mark en zijn vrienden vinden dat prima.

Uiteindelijk wordt het een heel gezellige avond.

Eerst speelt Arjen met PSV in de eredivisie. Maar na een paar weken heeft hij een belangrijke wedstrijd tegen AJ Auxerre in de UEFA Cup.

Hij hoopt te gaan scoren, maar in de tweede helft wordt hij gemeen getackeld door een van de tegenstanders.

Arjen wordt afgevoerd naar het ziekenhuis. Bernadien gaat met hem mee.

Er worden foto's gemaakt en een half uur later krijgen ze de uitslag van de foto's.

De dokter zegt: 'Je mag drie weken niet voetballen.'

Arjen baalt, maar kijkt weer vrolijk als hij ziet dat er over drie weken een speciale wedstrijd op het programma staat. Als Arjen weer genezen is, moet hij namelijk tegen FC Groningen, zijn oude club.

Al snel is het zover. Het wordt heel spannend. Als ze gelijkstaan, wordt Arjen van achteren getackeld: rode kaart voor de tegenstander. Arjen mag de penalty nemen. Het belangrijkste moment van de wedstrijd is aangebroken. Hij haalt diep adem, neemt een aanloop en scoort! Het publiek gaat helemaal los. Arjen loopt juichend naar Bernadien.

Ze is dolblij en zegt: 'Goed gedaan, schat! We worden vast en zeker kampioen.'

En inderdaad wordt PSV dat jaar kampioen in de eredivisie.

HOOFDSTUK 10

Noa is zoek

Door zijn uitstekende wedstrijden bij PSV staat Arjen in de belangstelling van diverse buitenlandse clubs. Ondanks dat Arjen slechts twintig jaar is.

Hij kiest uiteindelijk voor Chelsea in Engeland.

Arjen en Bernadien vertrekken voor hun nieuwe avontuur naar Londen. Ze hebben Noa, hun nieuwe hondje ook meegenomen. Die kreeg Bernadien cadeau van Arjen toen bekend werd dat hij naar Chelsea zou gaan.

Als Arjen het vliegtuig uitstapt, kijkt hij zijn ogen uit. 'Wauw. Londen lijkt me veel groter dan Eindhoven.'

Hij is bij de uitgang op zoek naar een huurauto. Maar dat hoeft helemaal niet, want de Engelse club heeft een grote auto voor hem geregeld.

Arjen bestuurt de auto rechts van de weg en denkt dat andere automobilisten aan de verkeerde kant van de weg rijden.

Opeens klinkt er het geluid van een sirene. Een politieauto komt hen tegemoet rijden.

Arjen remt uit volle macht om een botsing te voorkomen.

'O nee. Politie,' zegt Bernadien bezorgd.

Arjen en Bernadien moeten uit de auto komen. De agent praat snel in het Engels.

Ze begrijpen niet goed wat de agent allemaal zegt.

Maar o nee. Wat gebeurt er? Hun hondje Noa springt uit de auto.

Ze springt tegen een boom op. Arjen wil Noa pakken, maar dan springt Noa weg en sprint de weg over.

Twee automobilisten zijn zo afgeleid dat hun auto's tegen elkaar aan botsen. De agent en Bernadien kijken op en schrikken.

'Tja. Als je achter het stuur zit, moet je je niet laten afleiden,' zegt Arjen droogjes.

De agent helpt de automobilisten met het invullen van de verzekeringspapieren.

Noa komt gelukkig weer terug. Met de staart tussen de benen meldt ze zich weer bij haar baasjes.

Even later rijden Arjen, Bernadien en Noa verder.

Bernadien zegt: 'Dat was heftig.'

Arjen knikt.

Chelsea is nog op zoek naar een mooi huis voor Arjen en Bernadien. Daarom logeren ze eerst in een hotel.

Als ze de volgende ochtend wakker worden, gaan ze eten.

Maar nee, Arjen krijgt geen brood, maar eieren met spek. 'Typisch Engels,' lacht Arjen. Na het ontbijt gaat hij naar de training.

Het gaat op de trainingen goed met Arjen.

De volgende dagen gaat het ook erg goed. Maar na een tijdje krijgt Arjen genoeg van eieren met spek. Arjen wil veel liever 's morgens boterhammen met pindakaas of een broodje hagelslag. Gelukkig neemt zijn moeder een paar potten pindakaas en pakken hagelslag mee uit Nederland.

Al snel heeft Arjen een belangrijke bekerwedstrijd tegen Arsenal. Bernadien en Noa gaan ook mee naar de wedstrijd. De scheidsrechter fluit voor het begin. Het is een spannende wedstrijd.

Eerst wordt het 1-0 voor Chelsea, maar Arsenal komt goed terug met de gelijkmaker: 1-1.

Daarna wordt het 2-1 door Arjen met een prachtig schot in de kruising.

Maar Arsenal geeft de moed niet op en even later staat het weer gelijk: 2-2.

De twee teams gaan gelijk op. Er zijn nog tien minuten te spelen. Maar dan springt Noa opeens over de mensen op de tribune heen. Ze rent op de bal af en dribbelt over het veld.

Het publiek gaat staan en begint hartstochtelijk te juichen.

Noa blijft achter de bal aan hollen en loopt in de richting van de keeper.

Die is bang voor honden en gaat aan de kant.

Noa loopt met de bal over de doellijn. Ze scoort de winnende goal.

Arjen gaat uit zijn dak. 'Wat een talent. Het is nu 3-2.'

Maar helaas keurt de scheidsrechter het doelpunt af.

Als er een hond, krokodil of olifant het veld op komt, hoef je niet bang te zijn dat je een goal tegen krijgt, want dan zijn de doelpunten niet geldig.

De scheidsrechter vertelt dat elk team nog vijf strafschoppen moet nemen.

De trainers wijzen vijf voetballers aan, die zich rondom de middenstip verzamelen.

Beide ploegen doen het goed. Het staat 4-4.

Arjen mag de laatste en beslissende penalty nemen. Arjen neemt een aanloop en houdt het hoofd koel. Hij scoort.

Daarna moet de aanvoerder van de tegenpartij nog schieten. De aanvoerder is nerveus en schiet net naast.

Chelsea heeft gewonnen. De toeschouwers juichen Arjen toe. Arjen en de rest van zijn team zijn heel blij en zwaaien tijdens de ereronde.

Chelsea is door naar de volgende ronde.

Arjen en Bernadien gaan na de wedstrijd terug naar het hotel. Ze zijn moe en vallen in een diepe slaap.

De volgende morgen worden ze al vroeg wakker.

'Hé. Ik hoor Noa helemaal niet blaffen,' zegt Arjen.

Ze gaan snel uit bed en zien dat Noa weg is. Arjen en Bernadien doorzoeken de hele kamer. Daarna vragen ze aan iedereen in het hotel of ze Noa hebben gezien. Maar ze vinden Noa niet. Waar kan het hondje nu zijn?

'Oeps,' zegt Arjen. 'Ze was mee naar het voetbalveld.' Hij kan zichzelf wel voor zijn hoofd slaan. 'Ik ben vergeten haar mee te nemen.'

Bernadien wordt spierwit. 'Ik ook.'

Arjen en Bernadien rijden zo snel mogelijk met de auto naar het stadion en gelukkig… daar vinden ze Noa zielig weggedoken in een hoekje van de kleedkamer.

Als Noa Arjen en Bernadien ziet, springt ze blij tegen hen aan.

Ze nemen haar mee naar het park en gaan een eindje met haar wandelen. Zo is het gelukkig toch allemaal goed afgelopen.

HOOFDSTUK 11

Op naar Spanje

'De tweede helft gaat bijna beginnen. Chelsea staat er niet best voor. Ze spelen tegen Wigan Athletic en moeten een 2-0 achterstand wegwerken.'

Bernadien luistert thuis naar het radioverslag. Ze hoort op de achtergrond het fluitsignaal.

'Arjen Robben komt meteen in balbezit. Hij passt naar zijn medespeler. Ze combineren goed met elkaar. Arjen geeft zijn ploeggenoot een niet te missen kans. Goal! 2-1. Maar nog steeds staat Chelsea achter.'

Een paar minuten later schenkt Bernadien een kop thee voor zichzelf in. Ze zet de radio iets harder.

'We zien bijna dezelfde actie als net. En wat gebeurt er?'

Bernadien zit aan de radio gekluisterd.

'Het is een goal. 2-2. Ha, de coach juicht! Yeah. De officiële speeltijd is voorbij. We beginnen aan de extra tijd. Wauw. Wigan Athletic lijdt balverlies. Arjen Robben krijgt de bal aangespeeld. Robben schiet. Goal. Het is 3-2 in de blessuretijd.'

Fuuut! Het eindsignaal klinkt.

'Chelsea heeft gewonnen!'

Als Arjen later thuiskomt, viert hij met Bernadien de overwinning. Dan krijgt hij telefoon van zijn vader Hans. Die zegt 'buenos días' tegen hem.

'Huh? Pap, spreek jij Spaans tegenwoordig?'

'Ja. Luister. Ik kreeg telefoon van Berto Bortolo.'

'Berto Bor wie?' vraagt Arjen.

'Berto Bortolo. Hij schijnt een bekende scout van Real Madrid te zijn. Ze willen jou graag bij Real Madrid hebben.

'Echt waar? Dat wil ik natuurlijk wel.'

'Mooi. Morgen ga ik met mensen van Chelsea en Real Madrid om de tafel zitten. Hopelijk komt de transfer helemaal rond.'

Arjen is dolblij. 'Adiós,' zegt hij tegen zijn vader voordat hij ophangt.

De volgende dag is Arjen net thuis van de training. Hij ploft neer op de bank. Bernadien komt van boven gerend. 'Er is een groot probleem. Je vader heeft net gebeld. Het vliegtuig naar Madrid vertrekt morgen al.'

Arjen zat net nog onderuitgezakt, maar springt snel op. 'Morgen al? Maar we moeten nog zo veel doen.'

'Dan moeten we maar snel aan de slag,' zegt Bernadien.

Ze lopen samen naar boven en pakken hun koffers in.

Bernadien belt vrienden op met de vraag of ze op hun huis willen passen.

Arjen stapt in bed en Bernadien gaat intussen het hotel boeken via internet. Als dat gelukt is, gaat ze ook naar bed.

Arjen slaapt al.

Om vijf uur 's morgens gaat de wekker af. Bernadien is al beneden en dekt de tafel. 'Arjen, je moet je snel aankleden.'

Arjen rent naar boven en gaat zich douchen. Hij pakt per ongeluk de uitwasbare felroze shampoo van Bernadien. Hij kijkt in de spiegel en schrikt zich rot. 'Help. Is dit soms een lachspiegel, waar ik in kijk?'

Bernadien rent geschrokken de trap op. 'Wat heb jij gedaan? Wat

is er met je haar gebeurd? Je bent helemaal roze.'

Arjen zucht. 'Dat weet ik. Waar ligt de gewone shampoo?'

Bernadien pakt de gewone shampoo uit haar tas, die ze al had ingepakt.

Arjen doet heel veel moeite om de roze kleur eruit te spoelen. 'Balen, die troep in mijn haren. Misschien word ik daardoor later snel kaal.' Hij kijkt een beetje beteuterd.

Bernadien wrijft met haar hand over Arjens bol. 'Dat zien we dan wel weer.'

Ze zijn eindelijk klaar om te vertrekken. 'Op naar het vliegveld,' zegt Bernadien.

Na drie uurtjes vliegen komen ze aan en gaan ze naar het hotel.

De avond is aangebroken. Arjen en Bernadien pakken hun spullen uit in hun hotelkamer. Ze willen daarna wat gaan eten, maar ze spreken bijna geen Spaans. Daarom krijgen ze een broodje kaas in plaats van kippenpootjes. Ze eten het snel op.

Maar ze hebben nog steeds trek. Gelukkig heeft Bernadien nog wat eten in haar tas uit Londen.

De volgende morgen lopen Bernadien en Arjen door het centrum van Madrid. Ze komen langs een kapperszaak. Arjen krijgt een idee. Hij loopt naar binnen en wil zijn haar laten knippen. 'Ik wil mijn haar graag iets korter.'

Maar de kapper begrijpt hem niet en maakt een hanenkam.

Arjen kijkt in de spiegel en schrikt zich een hoedje. Hij ziet een hanenkam boven op zijn hoofd. Wat een ei is die kapper, denkt hij. 'Dit was niet echt de bedoeling.' Hij kijkt nog eens in de spiegel en vindt de hanenkam achteraf toch wel leuk.

Ze lopen naar buiten.

'Poeh. Wat is het hier heet,' zegt Arjen. Hij ziet dat de thermometer aan de muur boven een winkel 35 graden aanwijst! Hopelijk is het morgen in het Bernabéu stadion niet zo warm.

Arjen Robben komt in het stadion aan. Hij is heel zenuwachtig. Hij droomt hier al zijn hele leven van. Arjen wordt als een held ontvangen.

De pers interviewt hem. De verslaggevers vragen hem van alles. Of Arjen zich al thuis voelt in Spanje en of hij veel doelpunten gaat scoren.

Maar er is een probleem. Hij verstaat de journalisten niet goed. Met handen en voeten maakt hij duidelijk dat hij ze niet verstaat.

Hij loopt naar de kleedkamers waar hij Wesley Sneijder en Ruud van Nistelrooij ontmoet. Deze Nederlanders voetballen ook bij Real Madrid. Ze beloven Arjen dat ze hem zullen helpen met het leren van de Spaanse voetbaltaal.

Het is avond. Arjen heeft tijdens de warming-up gezien dat het stadion bomvol zit. Dat kan ook niet anders, want hij speelt met Real Madrid tegen Barcelona. Die wedstrijd staat in Spanje bekend als 'El Clásico'.

De nacht ervoor heeft Arjen gedroomd dat hij zou scoren.

Al vrij snel na het beginsignaal krijgt Arjen de bal. Hij passt naar Raúl González.

Hij is vlak bij het doel en passt hem weer terug naar Arjen.

Arjen neemt aan en knalt op het doel. Hij scoort. Het is net alsof hij droomt. Zelfs van de hitte heeft hij geen last.

Ook Sneijder en Van Nistelrooij doen het goed, zodat Real Madrid 'El Clásico' uiteindelijk met 4-1 wint.

Na de wedstrijd drinkt Arjen een colaatje met zijn medespelers. 'Het was super om tegen Barcelona te spelen,' zegt Arjen trots.

Bernadien geeft hem een kus en stelt zich aan de andere spelers van Real Madrid voor.

Ook Berto Bertolo is enthousiast. 'Gefeliciteerd. Je hebt fantastisch gespeeld.'

'Bedankt,' zegt Arjen trots.

Later komt hij bij zijn hotel aan. Hij ploft neer op de bank. 'Jeetje, wat ben ik moe,' zegt Arjen uitgeput.

Bernadien zet een glas cola voor hem op tafel. 'Ik ben trots op je.'

Ook via berichtjes op zijn mobiel krijgt hij veel complimenten.

'Toch was ik best wel zenuwachtig hoor,' zegt Arjen.

'Snap ik ook wel, maar het is supergoed gegaan.' Bernadien slaat een arm om zijn schouder.

Dat jaar werd voor Arjen een heel speciaal jaar. Hij ging niet alleen bij Real Madrid voetballen, hij trouwde ook met zijn allerliefste vriendin Bernadien. Niet veel later werd hun eerste kindje geboren: Luka.

HOOFDSTUK 12

De zoektocht naar Noa

Na een goede tijd bij Real Madrid, is het alweer tijd voor een nieuwe transfer. Dit keer is Arjen gevraagd om bij Bayern München te spelen.

Het vliegtuig landt op München Airport. Arjen is aangekomen in zijn nieuwe woonplaats.

'Snel naar de lopende band en de koffers ophalen,' zegt Arjen.

Als ze bij de uitgang komen, zijn er veel supporters van Bayern München aanwezig om de nieuwe voetbalheld welkom te heten.

Op het vliegveld zijn er tv-ploegen die aan Arjen vragen wat hij van zijn nieuwe club verwacht. 'Ik ben pas 25 jaar en hoop een superleuke tijd in Duitsland te krijgen,' vertelt hij voor de camera's.

Arjen heeft een taxi geregeld voor zijn vrouw Bernadien, zijn zoontje Luka, de hond Noa en zichzelf.

Ze krijgen een nieuw huis in het bos. Daar aangekomen worden de koffers uitgepakt en krijgen alle spullen een eigen plekje in hun mooie stekkie.

Voordat Luka naar bed gaat, mag hij samen met Arjen·een balletje trappen in de tuin.

Intussen laat Bernadien de hond uit.

Na het voetballen legt Arjen zijn zoon in bed en wenst hem welterusten.

Even later komt Bernadien in paniek de kamer binnenrennen. 'Arjen. Arjen. Noa is weggelopen.' Bernadien is helemaal in paniek en de tranen staan in haar ogen. 'Er zat een paparazzifotograaf in de bosjes verstopt. Hij maakte foto's. Noa schrok van de flits en trok de riem uit mijn handen.' Ze snikt een beetje. 'Ze liep heel ver het bos in.' Bernadien barst nu in tranen uit.

'Rustig maar, lieverd. Ik haal eerst even een glaasje water voor je en zal daarna gaan zoeken in de buurt.'

Arjen gaat naar de buren. Daar belt hij aan. Hij is zelf ook erg ongerust. Waar kan Noa nou zijn? denkt hij.

Een kleine, mollige vrouw doet open.

Arjen begint met drukke gebaren uit te leggen dat Noa is weggelopen en dat hij zich grote zorgen maakt.

De vrouw kijkt verbaasd en haalt haar schouders op. 'Was sagen Sie?'

Arjen was even helemaal vergeten dat hij nu in Duitsland woont! Hij probeert in half Engels en in half Duits zijn verhaal te doen.

Helaas heeft de vrouw Noa niet gezien, maar ze belooft dat ze goed op zal letten. 'Das verspreche ich.'

Daarna doorzoekt Arjen het hele bos, maar Noa is nergens te vinden. Verdrietig loopt Arjen terug naar huis en vertelt Bernadien dat Noa spoorloos is.

Bernadien is ook erg verdrietig, maar heeft intussen een goed plan bedacht. 'We gaan morgenvroeg meteen posters maken en verspreiden ze in de buurt. Op alle bomen plakken we er één. Hopelijk komt het allemaal goed.' Ze kijkt op haar horloge. 'Kom. We gaan nu eerst slapen. Morgen is het een belangrijke dag, want dan heb je je officiële presentatie bij Bayern München.'

71

's Ochtends gaat de wekker vroeg af. Arjen moet eigenlijk nog zijn speech voorbereiden voor vanmiddag, maar hij krijgt geen letter op papier. Dat komt omdat hij in gedachten bij Noa is. Ze is nog steeds zoek. Samen met Bernadien gaat hij de posters maken. Maar hoe schrijf je eigenlijk het woord 'vermist' in het Duits? Op het internet zoeken ze een vertaalsite en zo gaan ze aan de slag met de tekst van de poster. Ze beschrijven hoe Noa er precies uitziet en plaatsen er een foto van haar bij.

Als alles af is en de posters zijn uitgeprint, gaan ze naar het bos en naar diverse wijken om de posters op te hangen. Hoopvol en gespannen lopen ze naar huis. Op de terugweg bedenkt Arjen dat hij zijn speech nog niet klaar heeft en dat de presentatie al over een uur is.

Een half uur later wordt Arjen opgehaald door een zwarte limousine met daarop het logo van Bayern München. Met pen en papier stapt hij in, maar schrijven lukt niet. Omdat ze al een beetje aan de late kant zijn, rijdt de chauffeur veel te hard. Arjen schommelt heen en weer in de auto. Een speech schrijven lukt zo niet. Gelukkig heeft hij aan het einde van de rit een toespraak in zijn hoofd.

Het is een drukte van jewelste als hij de auto uit komt. *Flits. Flits. Flits.* De paparazzi zijn druk aan het fotograferen. De supporters roepen zijn naam. De club heeft een bodyguard ingehuurd. Hij maakt de weg voor Arjen vrij. Arjen zwaait enthousiast naar zijn fans en loopt het stadion in. Als Arjen in de persruimte is, gaat hij zich achter de schermen eerst even opfrissen. Hij is toch wel wat zenuwachtig voor de presentatie! Gelukkig krijgt hij een Tasse Kaffee. Dat helpt.

Dan is het tijd! Arjen gaat speechen. Zijn tolk staat al klaar. Arjen speecht in het Nederlands en de tolk vertaalt het in het Duits. Het gaat goed. Halverwege is er een kleine pauze. In de pauze kijkt Arjen op zijn telefoon. Hij ziet dat hij achttien gemiste oproepen heeft van een onbekende beller. Arjen voelt zich opgewonden. Dat moest haast wel over Noa gaan. Arjen kan niet wachten en belt het nummer meteen terug. Hij moet het weten.

Een Nederlands sprekende man neemt op. 'Hallo, met meneer Van Brink,' zegt de mannenstem aan de andere kant van de lijn.

'Hallo,' zegt Arjen gespannen. 'Met Arjen Robben. U heeft mij gebeld. Wat is er aan de hand?'

'Ik denk dat ik uw hond heb gevonden. In zijn halsband staat Noa. Kan dat kloppen?'

Arjen springt een gat in de lucht en doet een vreugdedansje. Hij is enorm opgelucht. Noa is gevonden. Hij spreekt af met meneer van Brink dat hij Noa zo snel mogelijk komt halen.

Na de drukbezochte persconferentie rijdt Arjen met de limousine naar de supermarkt om zijn vrouw op te halen. Samen rijden ze naar het huis van meneer Van Brink.

Wat spannend. Zal het onze Noa zijn? vraagt Arjen zich af. Als ze uit de limousine stappen, ziet hij het meteen. Het is Noa.

Noa ziet haar baasjes en kwispelt met haar staart. Ze rent op ze af. Ze knuffelen en omhelzen haar en zijn heel blij.

Meneer Van Brink komt ook naar buiten.

Arjen en Bernadien bedanken hem.

Arjen wil de vinder goed belonen. 'We willen u graag bedanken op een speciale manier. Morgenavond speel ik mijn eerste wedstrijd bij Bayern München. Omdat u Noa heeft gevonden, krijgt u van ons vier vrijkaartjes voor de wedstrijd van morgen.'

Meneer Van Brink woont, na zijn vertrek uit Nederland, al tien jaar in München. Maar hij is nog nooit in het stadion van Bayern

München geweest. Hij is dol op voetbal en wil de vrijkaartjes graag hebben.

Arjen en Bernadien stappen, natuurlijk samen met Noa, de limousine in en rijden naar huis. Ze zijn opgelucht en blij.

Voor de eerste wedstrijd kijkt Arjen naar de volle tribunes. Wat zou het cool zijn om ooit met Bayern München de Champions League-finale te spelen. Wie weet maak ik dan wel de winnende goal. Met een grote glimlach op zijn gezicht stelt hij zich op voor de aftrap.

HOOFDSTUK 13

Een droom komt uit

Arjen zit met zijn medespelers van Bayern München in het vliegtuig. Ze zijn onderweg naar Londen. Op weg naar de finale van de Champions League. De tegenstander is Borussia Dortmund.

Dat is heel bijzonder, want het komt bijna nooit voor dat twee Duitse clubs tegen elkaar spelen in een van de belangrijkste wedstrijden ter wereld. De sfeer in het vliegtuig is goed. Alle voetballers hebben er zin in.

Arjen heeft Duitse en Nederlandse kranten meegenomen. Hij wil graag lezen wat de media schrijven over de wedstrijd.

Arjen zit lekker te lezen als hij ineens een stem hoort. 'Good afternoon, ladies and gentlemen, this is your captain speaking.' 'Bon après-midi, mesdames et messieurs, c'est votre capitaine parlant.' 'Guten Tag, meine Damen und Herren, hier spricht Ihr Flugkapitän.' De piloot vertelt in het Engels, Frans en Duits dat ze zo gaan landen. Arjen begrijpt de piloot prima, want hij spreekt vloeiend Engels en Duits. En ook Frans kan hij goed verstaan.

De bus staat al klaar. Ze rijden naar het Landmark Hotel.

Arjen kijkt zijn ogen uit. 'Wat is het hier mooi,' zegt Arjen.

Die avond blijft hij in het hotel. Ze moeten vroeg naar bed van coach Jupp Heynckes. Arjen gaat naar zijn kamer. Het lukt hem eerst niet om te slapen. Hij is gespannen voor de finale. Na wat draaien valt hij uiteindelijk toch in een diepe slaap.

Pieppieppiep. 'Huh?' Arjen is meteen klaarwakker. Hij drukt de wekker uit en denkt onmiddellijk aan de wedstrijd van vanavond. Maar zover is het nog niet.

Eerst wandelen ze door het bos, om te ontspannen en de spieren al een beetje los te maken. Als ze weer terugkomen moeten ze verplicht slapen.

Daar heeft Arjen geen zin in, want het lukt hem vaak niet zo goed om overdag weg te dommelen. Gelukkig mag ik daarna twee volle borden pasta eten, denkt hij. Daar heeft Arjen géén moeite mee, want pasta is zijn lievelingseten.

'I wish it was tonight already,' zegt Arjen tegen Franck Ribéry als ze door het bos lopen.

'Me too,' antwoordt de andere superster van Bayern München.

Met zijn buik vol van de pasta stapt Arjen aan het eind van de middag in de bus. Op weg naar het Wembley stadion. Op naar de grote finale. Arjen is gespannen, maar ook opgewonden. Hij denkt aan het grote moment, het moment waar hij van droomt. Het moment dat hij de finale wint. Hier heeft hij al die jaren naartoe geleefd. Hij stond wel eens vaker in een finale van de Champions League, maar het was hem nog nooit gelukt de beker te winnen.

In het stadion kijken ze meteen hoe het veld erbij ligt.

De grasmat is lekker strak, denkt Arjen. Hij heeft zijn koptelefoon op en luistert naar zijn muziek. Dan loopt hij naar de kleedkamer en kleedt zich om.

Coach Jupp Heynckes spreekt zijn team toe en geeft de laatste aanwijzingen.

En dan is het tijd om het veld op te gaan. Arjen voelt aan het smalle stukje tape om zijn ringvinger. Dat doet hij altijd voor een belangrijke wedstrijd. Dan denkt hij aan Bernadien. Voor zijn gevoel krijgt hij dan extra energie.

Arjen loopt het veld op. Het gaat eindelijk beginnen! Een bomvol stadion met 86.298 voetbalfans. De tribunes zijn helemaal gekleurd. In rood en wit. De fans van Borussia Dortmund zijn in het zwart en geel. Hij kijkt rond. Op een groot scherm ziet hij Bernadien en zijn zoon Luka voorbij komen. Ook zijn ouders en zijn vrienden zijn er.

De aanvoerders Lahm van Bayern München en Kehl van Borussia Dortmund geven elkaar een hand. Bayern trapt af. De finale is begonnen.

Borussia Dortmund speelt goed.

Aan de andere kant krijgt Arjen een kans. Hij rent, schiet en… ai, hij mist! Arjen trapt tegen het gras. Hij probeert zich te beheersen en dat lukt hem aardig. Hij baalt, maar hij gaat door. Even later krijgt hij weer een kans. Hij rent richting het doel, hij gaat om Borussia Dortmund-doelman Weidenfeller heen en hij schiet net naast. Weer een gemiste kans. Arjen voelt zich wanhopig, hij wíl scoren, maar het lukt niet. Twee mooie kansen, twee missers. Arjen begint gespannen te raken, maar hij blijft zich goed inzetten. Hij jaagt op de bal en dan krijgt hij wéér een kans. Hij schiet, maar dit keer komt de bal tegen het hoofd van de Weidenfeller. 'Hoe is het mogelijk.' Arjen begrijpt niet dat de bal er niet in ging. Hij is boos, maar vooral op zichzelf.

Arjen wordt nu pas écht nerveus. De eerste helft is bijna afgelopen. Kansen heeft Arjens team genoeg gehad. Niet alleen hijzelf, maar ook zijn medespelers. Toch lukt het Bayern München niet om te scoren.

Dan fluit scheidsrechter Rizzoli voor de rust.

Arjen loopt het veld af. Hij denkt: Als ik dit verpest, hou ik geen fans meer over. We moeten winnen. En dat kan ook.

Arjen is bang dat hij weer een finale verliest. Dat mag absoluut niet gebeuren.

De jongens drinken wat. Op dat moment gaat de kleedkamerdeur open en komt coach Heynckes binnen. Over vijf minuten moet het team weer klaarstaan op het veld om verder te spelen. 'Vandaag moet het gebeuren, vandaag gaan we winnen, hebben jullie dat begrepen?' zegt Heynckes.

Arjen en zijn medespelers knikken. Het hele team heeft hoop.

Opeens voelt Arjen gezonde spanning in zich opkomen. Ik wil geen loser zijn, denkt hij terwijl hij aan het reepje tape om zijn ringvinger voelt. Op dat moment denkt hij aan Bernadien en zijn kinderen. Ik moet er nu helemaal voor gaan. Arjen haalt twee keer diep adem en loopt het veld op. Hij praat zichzelf moed in. 'Ik wíl scoren,' zegt Arjen hardop.

Borussia Dortmund neemt de aftrap. De tweede helft is begonnen.

Bayern München speelt goed. En dan gebeurt het. Arjen omspeelt Weidenfeller en legt de bal vanuit een moeilijke positie klaar voor Mandžukić. De Kroatische aanvaller schiet raak. Het is 1-0 voor Bayern. De fans van Arjens team gaan uit hun dak.

De wedstrijd gaat door. Zal Bayern München de voorsprong vast kunnen houden? Helaas lukt dat niet, want nog geen tien minuten later scoort Borussia Dortmund uit een strafschop. Zodoende wordt het 1-1.

Bayern München jaagt op de bal. Beide ploegen zijn goed. Maar wat ze ook proberen, er wordt niet gescoord. Het is vijf minuten voor tijd. Het lijkt hopeloos, maar ze blijven ervoor gaan. Het kan nog steeds, denkt Arjen. 'Kom op,' schreeuwt hij om zijn ploeggenoten aan te moedigen.

Het is vier minuten voor tijd, maar nog steeds komt er geen verandering in de gelijke stand. Dan zijn er nog drie minuten te spelen. Nog steeds wordt er niet gescoord. Twee minuten voor tijd denken veel supporters op de tribune en veel van de driehonderd miljoen televisiekijkers dat het op een verlenging zal uitdraaien.

Maar Arjen gaat door. Hij blijft geloven in de winst, ook al is er nog maar een minuut te spelen.

Ribéry geeft Arjen een hakje.

Arjen neemt de bal aan. Hij dribbelt richting doel, kijkt en schiet… Goooaaalll!

Zijn droom komt uit. Hier heeft hij al die tijd naartoe geleefd. Arjen rent juichend naar de zijlijn en valt op zijn knieën. Hij kan het niet geloven. Het stadion ontploft. De Bayern München-fans worden gek van vreugde. Bernadien, zijn kinderen, zijn ouders en zijn vrienden gaan ook helemaal uit hun dak. Zijn ploeggenoten omhelzen hem: Arjen, de man van de wedstrijd. De Nederlandse voetbalheld die met zijn Duitse club in Engeland de Champions Leaguefinale wint.

Dit is niet te bevatten. Er gaat van alles door Arjen heen. Als in een flits gaat zijn hele loopbaan door zijn lichaam heen. Heel even denkt hij terug aan zijn tijd bij VV Bedum, toen hij onder leiding van zijn vader Hans, zijn voetballoopbaan startte. Ongelooflijk. Hij schudt zijn hoofd en kan zijn gevoel niet onder woorden brengen. Deze droom is echt. De beker is binnen.

Intussen vormt Arjen het stralende middelpunt van een onvergetelijk feest.

HOOFDSTUK 14

Op weg naar het WK in Brazilië

Arjen kijkt naar de loting op tv. 'Kijk, Luka. Nu weet ik tegen wie we moeten voetballen,' zegt hij tegen zijn oudste zoon, die in de kleutergroep op school zit. 'We zitten in de poule met Turkije, Hongarije, Andorra, Roemenië en Estland. De winnaar mag meedoen aan het WK in Brazilië in 2014.'

'Papa, mag ik ook een keer mee naar al die verre landen?' vraagt Luka.

'Als het in de vakantie is, mag je ook een keertje mee,' zegt Arjen.

De eerste wedstrijd tegen Turkije is Arjen basisspeler. Het wordt 2-0 voor Nederland. De drie wedstrijden erna doet hij niet mee, omdat hij geblesseerd is aan zijn lies.

'Wat is dat? Geblesseerd?' vraagt Luka.

'Dan heb je ergens pijn en moet je je eerst fit voelen voordat je weer mag voetballen,' legt Arjen uit. 'Ik moet dan naar de dokter en ook naar de fysiotherapeut. Daar moet ik oefeningen doen en ik word lekker gemasseerd.'

Bernadien en Arjens ouders maken zich grote zorgen. Arjen heeft al zo veel blessures gehad. Als het maar goed komt.

Ook Luka vindt dat niet fijn. 'Doet je been erg pijn en kun je nu niet voetballen?'

Arjen haalt zijn schouders op.

ARJEN ROBBEN

Luka geeft zijn vader een dikke kus en zegt: 'Het komt wel goed schatje.'

Arjen schiet in de lach. 'Je moet niet zoveel naar de reclames op tv kijken.'

Op school vraagt Luka aan de juf of hij een tekening voor zijn vader mag maken. 'Dat vindt hij vast erg leuk.'

Het mag van de juf en de hele klas doet mee. Het wordt een groot schilderij van Arjen die een voetbalwedstrijd speelt. Als verrassing mogen alle kinderen van de klas het schilderij naar Arjen brengen. Het wordt een gezellige boel. Arjen is supertrots op de hele klas.

'Weet je wat,' zegt Arjen. 'Ik kan wel een keertje op school komen om iedereen te bedanken voor het mooie schilderij. En om alle kinderen een speciaal verhaal te vertellen.'

Als Arjen enige tijd later op bezoek komt op de school van Luka, neemt hij ook iemand mee.

Arjen wil graag iets vertellen over mensen die niet zo goed kunnen lezen en schrijven. 'Deze meneer kon dat vroeger ook niet goed,' zegt Arjen. 'Hij gaat jullie vertellen hoe dat komt.'

Meneer Muurman gaat voor de klas staan en haalt diep adem. 'Ik ben nu 65 jaar. Vroeger zat ik niet lang op de lagere school. Ik heb maar een paar klassen gehad, want ik moest thuis helpen op het land. Mijn vader en moeder hadden het zo druk dat alle kinderen moesten meehelpen met aardappelen rooien en de dieren verzorgen. Daarom heb ik nooit goed leren lezen en schrijven. Gelukkig hoorde ik over een cursus lezen en schrijven voor grote mensen. Die heb ik gevolgd en nu kan ik gelukkig wel lezen en schrijven. Ik vond het eerst erg moeilijk en spannend om weer naar school te gaan. Ik schaamde me, maar ik heb het toch gedaan. Er is een wereld voor me opengegaan.'

Heel even is iedereen doodstil. Veel kinderen beseffen dat het fijn is dat zij wel naar school mogen om te leren lezen en schrijven. Dan mogen de kinderen vragen stellen. Ze willen heel veel weten van Arjen en over zijn prachtige voetballoopbaan. En uiteraard over het leven van meneer Muurman.

Het blijkt dat er in Luka's klas ook ouders zijn die lezen en schrijven best moeilijk vinden.

'Mijn moeder kan het ook niet goed,' zegt Joop, die een vriend van Luka is.

Op weg naar deelname aan het WK is Arjen gelukkig weer fit als de wedstrijd tegen Estland op het programma staat.

Arjen begint heel goed, want hij scoort al meteen in de tweede minuut. Hij laat zien dat hij het nog kan.

Zijn vrouw en zoon zijn blij dat hij weer goed in zijn voetbalvel zit.

Jammer genoeg buigt Konstantin Vassiljev de achterstand om in een 1-2 voorsprong voor Estland.

Gelukkig komt Nederland weer terug in de wedstrijd. Dirk Kuijt scoort nog 2-2. Zo wordt het toch nog een mooie wedstrijd en heeft Oranje in de poule nog geen enkele wedstrijd verloren.

Het volgende duel is tegen Andorra. Maar Arjen doet niet mee. Hij zit thuis door een nieuwe blessure.

Luka komt thuis met zijn vriendje en vraagt: 'Papa, mag Joop komen spelen en ook blijven slapen?'

Het mag. 'Joop, wil je je moeder vragen om je adres en je telefoonnummer op te schrijven? Ik breng je dan morgen weer thuis.'

Joop slikt. 'Mijn moeder kan niet zo goed schrijven.'

Dan weet Arjen het weer; Joop vertelde er al iets over in de klas bij het bezoek van meneer Muurman. 'Ik loop wel even met je mee naar huis.' Arjen bespreekt daar de logeerpartij met Joops moeder. Ook vertelt hij haar over de cursus lezen en schrijven. Ze spreken af om samen een les te bezoeken. 'En als ik niet mee kan door mijn drukke programma als prof, dan gaat mijn moeder Marjo met je mee,' zegt hij.

De moeder van Joop is erg opgelucht en blij.

De familie Robben en logé Joop gaan die avond samen voetballen kijken. Gelukkig wint Nederland de wedstrijd met 2-0.

Arjen speelt later gelukkig weer mee tegen Hongarije. Het is een goede wedstrijd. Arjen scoort in de 89ste minuut. Mede daardoor winnen ze de wedstrijd met maar liefst 8-1. 'Wat een superwedstrijd!' juicht Arjen.

Na de wedstrijd loopt hij naar de kleedkamer waar Luka hem al staat op te wachten. Hij springt Arjen in de armen en geeft hem een dikke kus. 'Wat een coole wedstrijd, papa. Als we tegen Turkije ook winnen, gaan we zeker naar Brazilië.'

In het laatste duel in Turkije scoort Arjen al na acht minuten een doelpunt: 1-0. De hele familie kijkt en gaat helemaal uit z'n dak.

'Kom op, papa. We zijn er bijna,' zingt Luka.

Nederland wint de wedstrijd met 2-0.

'Wauw. We gaan in 2014 naar Brazilië. Wat een hoogtepunt.' Arjen is door het dolle heen, net als alle Oranjesupporters in het stadion en voor de buis.

Onder de douche zingen de spelers van het Nederlands Elftal allerlei liedjes. Arjen zet in met: 'Het feest kan beginnen, want wij zijn binnen. We gaan ertegenaan. Zodat we in Brazilië winnen gaan!'

INTERVIEW MET WERELDSTER ARJEN ROBBEN
NA ZIJN WINNENDE GOAL IN DE CHAMPIONS LEAGUE

'Mijn grote droom is uitgekomen'

Het is 25 mei 2013. Arjen Robben speelt met het sterrenteam van Bayern München in een kolkend Wembley stadion in Londen. In de 89ste minuut scoort hij in de Champions Leaguefinale tegen Borussia Dortmund de winnende treffer. Daardoor wint zijn ploeg met 1-2. Arjen is de grote uitblinker en wordt terecht tot 'Man of the Match' gekozen.

'Soms komt die finale nog wel eens voorbij op tv. Dan voel ik weer die blijdschap en het geluk van dat moment. Het is ongelooflijk om zoiets mee te maken. Het geeft een supergoed gevoel en pas veel later besef je dat de grote droom is uitgekomen. Naar zo'n succes heb ik al die jaren toegewerkt. Het was net alsof mijn hele voetballeven in een flits aan mij voorbijtrok. Ik dacht toen in het Wembley stadion weer heel even aan mijn eerste club, VV Bedum, waar het allemaal begon.'

Daar startte Arjen op zijn vijfde jaar zijn voetballoopbaan bij zijn vader Hans die er trainer was. 'Mijn allereerste voetbalherinnering is dat ik een jaar eerder op een voetbalveldje een balletje trapte. Ik had toen nog niet in de gaten dat ik best goed kon voetballen. Ik had er veel lol in, maar vond het ook fijn om andere dingen te doen tijdens het buiten spelen, zoals verstoppertje of hutten bouwen. Op de Togtemaarschool in Bedum mochten we, volgens mij, in de pauze niet eens voetballen. Met gym duimde ik daarom elke keer dat we zouden gaan voetballen.'

Lezen, rekenen, taal en gym waren Arjens favoriete vakken. 'Tekenen en handenarbeid vond ik niet leuk. Dat kwam omdat ik twee linkerhanden had.' Hij schiet in de lach. 'Die heb ik nu nog steeds.'

Pas toen Arjen een jaar of tien was en merkte dat hij met gemak heel veel goals scoorde, droomde hij ervan om later profvoetballer te worden. 'Als er in een vriendenboekje gevraagd werd wat ik later wilde worden, antwoordde ik vanaf dat moment nog maar één ding: profvoetballer.'

Arjen voetbalde met heel veel plezier bij VV Bedum en scoorde aan de lopende band. 'Ik hoorde wel eens dat er scouts waren om naar mij te kijken. Toen mijn trainer me vertelde dat ik was uitgenodigd om een testwedstrijd bij FC Groningen te spelen, vond ik dat geweldig. Ik woonde in de omgeving en FC Groningen was al jaren mijn favoriete club. Toen ik twaalf jaar was, kwam ik bij de C1-junioren van FC Groningen, een club waar het hele Noorden fan van is. Ik zal nooit vergeten dat we een mooi tenue kregen van de club, speciaal om in te trainen!'

Arjen Robben raakte in zijn jeugdperiode bij FC Groningen nooit geblesseerd. 'Ik moest wel een tijdje rust houden toen ik een groeispurt kreeg, maar voor de rest had ik nooit tegenslagen. Het was zo'n mooie voetbaltijd dat ik zeker wist dat ik prof wilde worden. Ik streefde er altijd naar om de beste te zijn. Ook op school wilde ik uitblinken. Eerst zat ik op het atheneum, maar toen ik zo vaak moest trainen, ben ik de havo gaan doen.'

Toen Arjen debuteerde in het eerste van FC Groningen, zat hij namelijk nog gewoon op school. 'Ik vond het belangrijk om eerst een diploma te halen. Als je prof wilt worden, moet je er veel voor laten. Ik leefde voor het voetbal, maar toch ging ik altijd naar schoolfeestjes toe. Mijn ouders stimuleerden dat, zodat ik ook veel met andere jongeren om zou gaan.'

In Bedum werd veel in het Groningse dialect gesproken. Arjen deed dat zelf niet, maar hij kon het wel goed verstaan. 'Toen ik later als prof naar Engeland ging, had ik het geluk dat ik jarenlang Engels had geleerd op school. In de tijd bij Real Madrid leerde ik Spaans. Dat vond ik in het begin lastig. Op de camping kon ik wel broodjes bestellen in het Spaans, maar toch voel je je belemmerd. Soms bedoel je iets als een grap, maar dat komt niet over als je de juiste woorden niet kunt vinden. Wie je bent en hoe je bent, kun je daardoor ook moeilijk overbrengen.'

Met Duits heeft Arjen bij Bayern München nooit problemen gehad. 'We keken thuis vaak naar Duitse televisiezenders en het is vanaf Bedum maar drie kwartier rijden tot de Duitse grens. Toen ik vanuit Spanje naar Duitsland verhuisde, was ik eerst een beetje in de war. Ik haalde steeds de twee talen door elkaar. Het was wel fijn dat ik bij Bayern Louis van Gaal als trainer had, zodat ik met hem Nederlands kon praten. Bij de Duitse trainer Jupp Heynckes ging alles in het Duits. Nieuwe spelers uit het buitenland nemen daarom ook meteen Duitse les om de taal zo snel mogelijk onder de knie te krijgen. Toen kwam Pep Guardiola als trainer in München. Hij komt uit Spanje en spreekt ook Engels en Duits. Allemaal talen die ik intussen goed beheers.'

Arjen Robben staat vaak in de krant en komt wekelijks op tv. 'Als profvoetballer leef ik in de schijnwerpers. Het is bijzonder wat het voetbal in mensen losmaakt. Ik ben over de hele wereld beroemd. Zelfs als ik in 'the middle of nowhere' op vakantie ben, word ik nog herkend. Dan willen fans met mij op de foto en deel ik handtekeningen uit. Alle camera's staan elke dag op mij gericht omdat ik bij Bayern München voetbal. Ik vind dat prima. Je weet dat zoiets erbij hoort.'

Arjen wordt beschouwd als een superster. Toch bestaat er ook een andere Arjen. 'Ik ben vooral ook een gewoon mens dat net als alle andere mensen boodschappen haalt in de supermarkt. Ik leid mijn normale leven en ben de echtgenoot van mijn vrouw. En natuurlijk de papa van mijn drie kinderen, die ik heel graag voorlees voor het slapengaan. Op die manier gaat er ook voor hen een hele nieuwe wereld open…'

Arjen leest zijn kinderen graag voor, maar wist je dat vaders in Nederland veel minder voorlezen dan moeders? En ook veel minder dan andere vaders in Europa? Daar gaan we wat aan doen, bijvoorbeeld door een voorleesservice voor werkende vaders en een Nationale Mannen (voor)leesweek. Kijk voor meer info op www.vadersvoorlezen.nl!

VADERS VOOR LeZeN 2014

Dit boek is een initiatief van
Stichting Lezen & Schrijven, in samenwerking met
FC Groningen in de Maatschappij
en Uitgeverij Kluitman.
Stichting Lezen & Schrijven is opgericht door
H.K.H. Prinses Laurentien der Nederlanden met als doel
het voorkomen en verminderen van laaggeletterdheid.
Dat is hard nodig: in Nederland heeft namelijk
1 op de 9 volwassenen moeite met lezen en schrijven.

**Kent u iemand die moeite heeft met lezen en schrijven?
Bel ons en we helpen hem of haar graag verder!**

"Door te kunnen lezen en schrijven zit ik lekkerder in mijn vel. Jij ook?"

H.K.H. Prinses Laurentien, erevoorzitter van Stichting Lezen & Schrijven.

Met dank aan alle leerlingen van de scholen die hebben meegeschreven aan het verhaal:

- Openbare basisschool Togtemaarschool (Bedum)
- Openbare basisschool De Expeditie (Groningen)
- Openbare basisschool Driespan (Harkstede)
- Christelijke basisschool De Ster (Harkstede)
- Playing for Success (Groningen)
- Openbare basisschool De Tweemaster (Leek)
- Openbare basisschool De Molenberg (Grootegast)
- Openbare basisschool De Brink (Haren)
- Openbare basisschool Meander (Groningen)
- Openbare basisschool Jan Ligthart (Appingedam)
- Openbare basisschool De Molshoop (Noordhorn)
- Speciaal basisonderwijs Dr. Bekenkampschool (Groningen)
- Katholieke Daltonschool Bisschop Bekkers (Groningen)
- Project Cijfers en Letters Noorderpoortcollege

Benieuwd wat Arjen allemaal gaat beleven op het WK in Brazilië?
Lees dan deel 2 in de serie:

Arjen Robben en het magische schot in Rio!